CPC リブレ　No. 13

格差・貧困の社会史

庄司俊作

クロスカルチャー出版

目　　次

第２章　戦争と格差・貧困

第３章　戦後民主主義と高度経済成長の格差・貧困

序章　不平等と序列社会を超えて

1　近現代格差・貧困史の消尽点

歴史の語り方はけっして一様ではありません。貧困の歴史に傾きがちだった労働史、農業史の豊饒な研究成果を踏まえ、今、新しい貧困史として格差と貧困の歴史が語られるべきです。格差・貧困という視点から日本の歴史と社会はどのように見えるのか。

歴史の語り方は、歴史の対象を規定します。もう少し小むずかしい話を続けますが、「歴史を叙述するには、消尽点が必要である」といわれます。消尽点とは、「歴史の到達点として歴史をふりかえる『管制塔』ともいえるもの」です（望田 2009）。物事の歴史には何であれ起点、始まりと到達点があります。歴史の認識はその程度を別にして、両者の見極めをつけ、テーマを選び、研究の方法を決めます。

では本書の消尽点は何かというと、①戦後の高度経済成長期の日本型雇用システムの確立など、雇用と教育の関係や社会の格差・貧困の状況の歴史的変化であり、それに続く② 1990 年代以降の日本型雇用システムの再編縮小とそれに対応した派遣労働を含む非正規雇用の増大の、ある意味欧米のジョブ型雇用への流れです。

2　日本型雇用システムの定義

今回の私の話で軸になるのが、日本型雇用システムです。皆さんも新聞等でよくご覧になると思いますが、必要な限りで説明を加えます。日本型雇用システムは終身雇用と年功序列賃金、企業別労働組合が特徴と一般的に理解されています。最近は新卒一括採用もこれに加え理解することが増えているようですが、正しいと思います。また、ジョブ型雇用かメンバーシップ型雇用かという周知の議論もあり、この議論だと欧米をはじめ世界の多くの国はジョブ型雇用であるのに対し、日本はほとんど唯一のメンバーシップ型雇用の国ということになります。メンバーシップ型雇用であることが新卒一括採用をはじめ日本型雇用システムの上記特徴を根底において規定しています。それだけでなく、長時間労働ややり過ぎの人事査定、会社人間、ブラック企業、過労死など「会社主義」のネガティブな面もメンバーシップ型雇用に起因する問題であると認識しています。

大学を卒業して会社（「企業」と同じ意味で使う）に入社すると退職までずっと同じ会社で働き続けるという日本的な終身雇用など、日本の雇用システムがメンバーシップ型雇用と考えなければ理解することができません。日本特有の定期的人事異動や転勤なども同様です。日本では一般的に会社に採用されることを「入社」や最近では「就社」などといいます。また、会社で働いている者を○○会社の「社員」と呼びます。しかし、世界標準では「社員」は当該会社の株式を所有している者を指しますので、これは不適切な言い方です。日本では会社に雇われることはその会社のメンバーになることですから、メンバーシップ型雇用と呼びます。世界ではこれと異なり、特定の仕事、職務を行うことを認められて会社に採用されますから文字どおり「就職」であり、ゆえにこうした雇用のあり方をジョブ型雇用と呼ぶわけです。

ご存知のように大学や高校を毎年３月に卒業した者が４月に一斉に会社に入社して働き始めます。しかし考えてみると、これはきわめて奇異なことです。会社は入社希望者の何を見て採用という、会社にとって重大な決断をするのか。そうです、大学の場合、大企業の事務職（現在は「サラリーマン」、「会社員」などと呼ぶ）は昔も今も入社希望者がどこの大学を卒業したかが最重要の採用基準になります。高校の場合も本人の卒業した高校を介して採用されます。そうですよね、新卒で採用するわけですから何ら特別の職業資格はなくいわば「まっさらな人間」ですから、どこの大学を出たかなどしか採用の基準はないわけです。また、高卒の採用の場合も本人の卒業した高校の推薦で採用するしかないわけです。こうした会社と教育、学校の関係に関して教育学者の天野郁夫氏は「教育資格が職業資格を代替する」といっていますが（天野 1982）、間違いではありませんが説明足らずです。教育資格について、どこの大学を出たか「学校歴によって決まる教育資格」とすべきです。したがって、日本の社会について「学歴社会」とするのも欧米社会との異同を明確にするうえでやや語弊があり、正確には明確に「学校歴社会」というべきです。でないと、日本社会の特殊性が曖昧になります。学校歴社会はもちろん天野氏なども理解していますが、まだ弱いと思います。

話を進めます。私は大学の授業で学生に日本の雇用システムは三重の差別に立脚していると教えています。年齢差別と性差別、そして学校歴差別の３つです。年齢差別は年功賃金、性差別は「男は仕事、女は家事・育児」という日本の核家族のあり方に関していっており、また学校歴差別については以上述べた含意でいっています。差別などというと少し品がないといわれかねないと懸念しながらも、やめる気はありません。なぜなら、日本の雇用システムも当然、人びとの生きる希望や要求にかなう歴史的意義とともに、時期によって歴史的な限界や矛盾が大きくなり、変化を余儀なくされる。現在はその歴史的な転換期にあると認識しており、こうした歴史認識にとって日本の雇用システムにはそもそも３つの差別がベースにあることを認識しておくことが重要と考えているからです。

3 「歴史の消尽点」としての高度経済成長

本書で対象とする時期は、第 1 次大戦後の 1920 年代から第 2 次大戦後の高度経済成長の時代までのおよそ 50 年間です。この期間の階層間格差・貧困の実相とその歴史的変化を明らかにし、歴史を動かした民衆の姿を浮き彫りにしたい。小泉元首相でしたか、「どの時代にも格差はある」と発言しました。もとより私も度の過ぎた格差は肯定しませんが、この発言自体、間違いではありません。私にいわせると、どの時代にもあって、貧困問題と結びつき歴史の推進動機になってきたのが格差問題です。そうしたものとして、日本社会の単なる貧困問題でなく、格差と貧困の関係を重視したいと思います。

そのうえで、企業の雇用と教育ないし学校歴としての学歴の関係に注目したいと思います。「現代の産業社会は、しばしば『学歴社会』として特徴づけられる。それは人々の社会的地位を規定する要因として、教育ないし学歴が、他のどの要因にもまして重要性をもつ社会を意味している」（天野郁夫）からです。なぜ人は教育を受けたり、学校や大学に行きたがるのでしょうか。100 パーセント実利目的というのはあり得ない一方、高校や大学への進学自体が自己目的的というのもあり得ない。程度は問わないとしていくばくかは何者かになりたい、豊かで幸せな生活をしたいなど世俗的欲望をもつ一方、いくばくかは高度な勉強、学問をしたいと思って大学に行くのでしょう。官僚制や軍隊の影響といわれますが（小熊 2019)、日本社会は戦前以来学校歴を特徴とする特異な学歴社会です。戦前に大学（旧制）に行く人は大正後半から昭和期にかけてもごく一握りであり、都市の銀行・会社員、官公吏、教員、医師など新中間階級と農村では地主や上層の自作農など富裕層の子弟に限られていました。普通の労働者や農民の子どもは望んでも家が貧しいためとても大学には行けませんでした。サラリーマンや官僚、弁護士、大学教員、医師になるには大学や高等専門学校（高専）の卒業資格が必要であり、また卒業していないと不当に不利益な取扱いを受けることから、戦前の日本はきわめて不平等な社会だったのです。人口の半分近くを占めた農民層に代表される社会の貧困問題と階層間の経済格差の大きさとを考えると、貧困の再生産と著しく制限的な階層間移動に苦悩する不自由な社会であったといえます。

これに対し第2次大戦後はどうでしょうか。教育と社会的選抜についていうと、高度経済成長期に大学進学率が飛躍的に上昇したこと（大きな男女差があった）に注目すべきです。自分の歴史的経験として語ることができるのですが、地方の普通の農家の子どもであっても、いろいろな制約はあれ、経済的理由で大学進学の希望を断たれることは1970年前後には一般的になくなったといえます。

大学を出れば悪くてもそこそこの企業に就職でき、その企業で毎年給料が上がって退職まで働き続けることができる。会社に入って10年もすれば結婚し子どもを作って、40歳前後には住宅ローンを組み家も建てられる。重役とまではいかなくても、課長ぐらいにはなってやりがいのある仕事をやり、妻がややこしい家事・育児等全般をそつなくこなしてくれるので、心おきなく「会社人間」の人生を送ることができる。退職後は十分ではないがそれなりに年金がもらえ、趣味に、場合によれば学び直しに充実した老後をおくることができる――。

農業史の立場でいうと、高度成長が始まる1955年には農業就業人口はまだ4割を超えていましたので、一連の戦後改革と高度経済成長によって、まだ国民の多数派であった農家に生まれた子どもにもこうした人生が可能になったということになります。多くの国民が、教育が少数の特定の階層に固定された社会的流動性の低い戦前の差別的な社会から解放されたのです。労働問題研究者の熊沢誠は戦後の「会社人間」に関して「戦後民主主義の2つの内容をめぐるきびしいトレードオフ関係」を指摘し、「サラリーマンたちは、『局地財』を含む『ふつうの生活』の追求が一介の労働者にも許されるという民主主義のためには、生活時間の大半を占める勤務中でも人権や自由が保障されるという民主主義は放棄せざるをえないと感じているのだ」といっています（熊沢 1993）。労働者は戦後を、この意味での「平等な社会」、つまり「能力を発揮して身を立てる機会が労働者にもいつわりなく公平に開かれている社会にしようとしたのではないか」。そして、それは「制度の上では戦後初期の改革期に、そして実態の上では高度経済成長期にかなり達成されたのではないか」といっていますが、見ている対象は異なりますが異論はありません。普通の人間が自由に生き、希望を達成できる社会が民主的な社会の第1の要件と私は考えていますので、この限りで高度経済成長には「農民の解放」という一面があり、これは農民層とその子どもにとって確かに手応えのある重要な「歴史の進歩」でした。

4　欧米化への流れ

しかし、日本型雇用システムをめぐっては1980年代以降、とくにバブルがはじけた93年以降、時代の変転が明らかとなります。派遣、パート、契約社員等の非正規雇用の増大です。

上述のようなサラリーマンの生活は、多くの人に保証されていないことが明らかになってからかなりの時間が経ちました。大学を出ても正社員での就職は難しくなり、結果的に増加する非正規は第2次安倍政権誕生後6年間で約300万人増え、2,152万人（38%）になりました(2018年)。非正規の年収は多くて年収300万円以下であり、年収100万円台で働く者も少なくありません。年収200万未満の非正規は1,603万人で、非正規全体の75%です。私の職場で働く何人かの派遣社員の方に聞くと支払われる「賃金」の総額はせいぜい200万円、賃金は時給であり、ボーナスどころか交通費さえつきません。こうした働き方をする人々がこの間増え続けてきました。格差・貧困問題としては、とくに女性と若者の間で非正規が増えたことが重要です。

正社員で就職した女性が結婚して子どもを産み育てる。ところが、こんなしごく当然な人生は一般企業では通用しないところが少なくありません。女性が働き続けるうえで障害になっているのは、働きながら育児をする労働条件や社会環境がととのっていないことです。そのため育児のため仕事をやめる女性が少なくない。そして、育児が終わってまた仕事を、と思っても非正規しか働き口はない。現在、離婚はめずらしくありません。厚生労働省の調査によると、子どもがいる世帯の平均所得は746万円ですが、ひとり親の場合は317万円と半分以下、とくに母子家庭だと平均年間収入は243万円、うち平均年間就労収入は200万円にすぎません（2016年）。これは母子家庭（推計世帯数123.2万）の44%が非正規で働くシングルマザーであることが主な理由です。賃金の低さから仕事を掛け持ちするシングルマザーも多い。母子世帯の子どもは貧困に陥るリスクが大きく、大学等への進学率が全世帯の平均73％のところ、父子世帯を含むひとり親世帯は59％であるなど、貧困が教育に影響する経済格差が明らかです。こうした中、女性は仕事か結婚育児か人生をかけた選択を迫られます。女性が悩んだあげく、多くの女性が働き続ける道を選択した結果が少子化です。いまや一生結婚しない女性が急増しており、20年後の生涯未婚率は男性30％、女性25％と試算されています。この数字を見て、これは異常な社会だと思うのは私だけでしょうか。

若者の問題では、全国に「100万以上」との見方もある「ひきこもり」の問題を逸することはできません。2019年3月、ひきこもり初の全国推計が公表されましたが、それによると40～64歳のひきこもり状態の人は全国に61.3万人。ひきこもる中高年と高齢の親が孤立する８０５０《はちまるごーまる》問題は深刻さを増しています。ひきこもりの先頭に立っているのが、バブル崩壊後の1993年から2004年の間に就職活動を行った「就職氷河期世代」と呼ばれる世代です。非正規317万人、フリーターが52万人、職探しをしていない人が40万人というのがこの世代の特徴です。ひきこもりの国の定義は「仕事などの社会参加を避けて家にいる状態が半年以上続くこと」です。性別では男性が77％、年代別では40代が38％、50代36％、60代26％です。ひきこもり状態になったきっかけは、「退職」36％、「人間関係がうまくいかなかった」21％、「病気」21％、「職場になじめなかった」19％、「不登校」9％、「就職活動がうまくいかなかった」６％です。不安定雇用と低賃金の非正規雇用の拡大がひきこもりの背景なのです。20年前に著書『社会的ひきこもり』がベストセラーになり診療を続ける医師齋藤環氏がいっています。「私がひきこもりの研究にかかわり始めた20年余り前には、不登校からの延長で至るケースがほとんどでした。数年前から就労経験後にひきこもるケースが急速に増え始め、今では逆転しました。こうした現実を受けて自治体や研究者からひきこもりの半数が40歳以上という調査結果が次々と出ていた一方、国の調査は遅きに失したと思います。全体の平均年齢を押し上げている彼ら、彼女らはいわゆる就職氷河期世代で、ブラック企業で疲弊し、ひきこもりに移行している現実があります」(「朝日新聞」2019年6月16日付朝刊)。

一方、企業側にも変化が現われます。日本型雇用システムの年功賃金が企業にとって重荷になってきたことは、1995年に日経連が発表した「新時代『日本的経営』」を見ただけでも明らかです。経済成長と若い社員年齢構成が年功賃金の前提であることから、これは当然なわけです。この報告書を機に将来の経営幹部のメンバーシップ型正社員に相当する「長期蓄積能力活用型グループ」を大きく絞り込み、ジョブ型の非正規労働者や「高度専門職」の労働者の雇用を拡大していく日本型雇用システムの再編が本格化します。

私の最初の研究テーマであった日本地主制史の研究では第1次大戦後を「地主的土地所有の後退期」と規定しています。また、現在の企業経営の研究では売上高をもとにした製品ライフサイクルを「導入期」「成長期」「成熟期」「衰退期」と時期区分するようです。これらを援用すると、日本型雇用システムも歴史的な「後退期」または「衰退期」に入ったと考えられます。かかる段階において企業の利益になるだけの「改革」は論外ですが、ロスジェネ問題に関して、雇用システムの刷新が課題であるとの認識が出てきたことが重要です。非正規社員を「長時間労働も辞さない従来型の正社員に『引き戻す』ことだけが自立への道なのか、再考が必要だろう。正社員と非正規の差別的な待遇改善を改めたうえで、多様な働き方と公的支援の組み合わせを模索したい」、「ぼろぼろになった昭和のレールを無理に続けようとして、その犠牲になったのがロスジェネなのでは。社会のレール自体を変える必要がある」、「単線のレールに乗らなければ、人生を踏み外す。そんな社会のあり方を根本から変えることは、他の世代にとっても大きな意味を持つことだ」(「朝日新聞」2019年6月17日「ロスジェネ 凍る世代」)。全面的に正しい意見だと思いますが、皆さんはどう考えますか。

非正規雇用が深刻な格差・貧困問題を生み出す元凶であることを認めたうえで、しかしまっとうな非正規（同一労働同一賃金）や専門職の雇用につながり、それを拡大していく契機になっていくのであれば、その限りで一定の合理性はあります。いずれにしても、非正規の「5年ルール」や政府の審議会で議論だけで終わった非正規の「入り口規制」をしっかりと確立して、「職務」や「職場」に加え「労働時間」を限定、制限した働き方をひろげていくことが重要です（濱口2015等)。これは日本型の雇用を変えるものであり、欧米型の雇用への接近と見ることが可能です。日本社会は人の仕事や能力をまっとうに評価できない社会であり、その根本には企業の雇用がメンバーシップ型であることが重要な理由としてあります。欧米型への接近は人間の多面的な能力を発展させ、評価する社会（例えばドイツの資格社会）と教育（例えば実業教育の充実）を実現する可能性を秘めています。人の働き方をめぐっては、高度経済成長期までとは時代の局面と課題は変化し、新たな時代に入ったと理解すべきです。

あえてちょっと飛躍しますが貧困問題とは別に、肉体労働をする労働者や農民が歴史的に蔑まれ、十分な職業的な誇りをもてなくされているのがこの国の特徴です。これも突きつめると、人の能力をきちんと評価できない社会とその基礎にあるメンバーシップ型雇用の問題に帰着するのではないでしょうか。あらかじめ申し上げると、これが今からの話の根本にある私の基本的発想です。

こうした歴史的な見通しと観点から、先の時期区分では衰退期以前の歴史と社会・地域を格差・貧困の視点から浮き彫りにしていきたいと思います。

第１章　サラリーマンの登場と新身分社会

はじめに

今回のテーマは「格差と貧困」です。現在もっともホットな問題をそのものずばりテーマに設定しました。短絡的な「現在と過去の対話」は歴史像を一面化してゆがめる元と考え、あくまで抑制的にを信条としてきました。しかし、今度だけはリスクをとる覚悟でテーマ設定をしました。日本近現代史では労働史や農業史・農民史の研究はかぞえきれないほど厖大にありますが、格差や貧困の視点で近現代日本社会の歴史をとらえたものは管見の限り見当たりません。

３回お話しするに当たって重視しているのは、射程の長い歴史的で複眼的な視点で問題をとらえることです。そこで対象の時期と階層を限定する必要があります。時期は３つ。大正末から昭和初めにかけての時期が最初です。次は、日中戦争から太平洋戦争にかけての「戦争の時代」。昭和恐慌の時期もその前史として一部含みます。そして３つ目の時期は戦後、とくに戦後改革と高度経済成長の時期に焦点を絞ります。

取り上げる階層は、企業内の３つの階層、つまり①職員（サラリーマン、社員などと呼ばれる）と②職工、③紡績女工を中心とする若い働く女性です。加え、対象の主要時期において人口がまだ最大のボリュームを誇った④農民に焦点を当てます。その他、種々の雑業に従事する都市と農村の下流社会の人々も必要な限りで取り上げます。戦前の働く女性は多くは農家の子女でした。10代で家を離れ、紡績工場や製糸工場、織物工場で働きました。工場内での状況は多くの研究がありますが、女工と工場の関係や女工をやめた後の人生はどうだったのか。農家の子女が家を離れるのは女工としてだけでなく女中や女給、娼妓として働く場合もありました。女性の就労はトータルにみる必要があります。10代の女性を含め若者や少年の教育とその後の働き方を重視することが３回を通した今回の話の基調になります。

小泉元首相の言ではありませんが格差問題はいつの時代でもあります。しかし、単に格差問題だけでなく貧困の問題が加わると、日本近現代史では時代や対象はかなり限定されます。取り上げる時代のタイムスパン、1920年代から70年代にかけての約半世紀は、大きな歴史の流れでいうと昭和初めのころ形を成した格差・貧困問題が、貧しさからの脱却が進み、格差が縮小していく過程としてとらえられます。問題は、その歴史過程をどう包括的にとらえるかです。

1　格差・貧困問題の今と昔

（1）　非正規雇用の急増と生涯未婚

1970年代にかけて人々の平等化が進むと申しました。何をもってそのようなことをいうのかといえば、これは対象の選択にかかわる問題であり、また詳しくは３回目にお話しすることになりますが、戦後の高度経済成長により日本人の生き方や家族が「戦後日本型」と呼ぶべき形態と内容に変化したことを強く意識しております。それは、団塊世代からわれわれ「残り火の世代」に典型的でしたので、原体験のある当事者ということで経験的によく分かるのですが簡単に申しますと次のようになります。

団塊世代とその前後２、３年の世代はサラリーマンだとだいたいリタイアしましたが、一部自営業者・農家を除き企業等に雇われ、働いて労働の対価として賃金を得て生活してきました。われわれが高校を卒業したころ（私は 1952 年生まれ）は大学進学率が急上昇し、そこそこ勉強ができれば、地方の農村からでも普通に大学に進学する。そして大学を出れば、悪くてもそこそこの企業に就職でき、前述（７頁）のような戦後日本型とでもいえる普通のサラリーマンの生活ができる。高卒で就職しても、年功序列賃金で終身雇用、加え、「ブルーカラーのホワイトカラー化」でもって戦前のような学歴による身分差別はかなり緩和され、大卒と比べてもその人生に戦前のような格差はなくなった。こうした生き方が標準化され、総中流社会が実現することは多く指摘されるところです。日本社会は戦前以来の格差・貧困問題をいったん解決するのです。

しかし、そうした世の中は長くは続きませんでした、「非正規 2,000 万人、４割の時代」の到来です。序章で述べたことに以下、付言します。周知のとおり現在、男性の就業者の２割超、女性の６割が非正規で働いています。男性の非正規は若者が中心です。新規に正規で就職してもいったん退職すれば基本的に非正規、派遣を繰り返す人生が待っています。派遣の年収は 200 万円を切っています。派遣の場合、一時金はもとより、時給で交通費も支給されません。現在の日本はどれだけ貧しいのか。かつての日本は先進国の中でトップか２番目に所得が多かったのですが、今や OECD（経済開発協力機構）加盟 35 か国で 20 番目、世界でみると 32、3 番目といわれています。賃金も先進国の中では唯一減少しているような国ですので、どんどん貧しくなっています。世帯収入 300 万円未満は全体の 33%、400 万円未満だと全体の半分です。お年寄りの世帯は収入が少ないので割り引く必要がありますが、日本が貧しい国になったことは間違いありません。

しめて 350 万円——。これが都市において人が結婚して家族を養える最低の世帯収入とずっと個人的に考えてきました。もとより、これは持ち家が前提です。家賃やローンが加われば 100 ～ 150 万円アップします。となると 450 ～ 500 万円近い年収がなければ男は結婚もできません。この兆候はすでに明確に現われています。生涯未婚率は現在男性２割、女性１割ですが、2035 年の予測は実にそれぞれ３割、２割となっています。指摘するまでもなく未婚の理由は収入の少なさです。未婚男性は 200 万円未満だと４割弱、200 ～ 400 万円が 35％を超えている一方、７割近い女性が結婚相手に年収 400 万円以上を求め、200 ～ 400 万円でいいというのは１割ちょっとにすぎないという実態があります。つまり、結婚適齢期の男性の収入をめぐって、男性の実態と女性の希望との間には完全にミスマッチが生じているのです。

若者や女性の収入の少なさもさることながら、適齢期の男女が経済的理由で結婚もできないという現実をどう考えればいいのでしょうか。このままでは日本社会の再生産が危うい。ここに個人の貧困とともに日本社会の貧困をみなければならないと考えているのですが、皆さんはどう思われますか。

ここで、非正規雇用や派遣労働に関して日本の特殊性を指摘しておきます。フランスやドイツ、イタリアなどヨーロッパの国々でも有期雇用や派遣労働という働き方が広がっています。しかし、日本と大きな相違がみられます。フランスやドイツなどでは有期雇用はテンポラリーワーク（一時的労働）であることなど合理的な理由が必要です。また例外的に認められる場合も、回数や期間、賃金などで厳しい制限が課せられています。これに対し、日本ではこうした規制は何もないといって過言ではありません。日本では企業にとって人を働かせやすいことだけを主に考え、非正規雇用や派遣労働を広げてきました。企業に対して国は責任を問わない。それは結局のところ、日本では企業が非正規や派遣労働者を安易に「よそ者」として雇うことにつながります。生涯未婚の人々が今後急増すると予測されているのもその結果に他なりません。

（２）　戦前の格差・貧困問題

現在の格差・貧困問題について簡単に触れました。それは基本的に非正規雇用や派遣労働の広がりがもたらしたものです。しかし、これからお話しする戦前は、違います。その違いを明らかにして本題、つまり1920年代から70年代にかけての話に入っていこうというわけです。あとちょっと全体の前置きの話を続けます。

橘木（1998）に興味深い表が出ています（図表１－１）。企業名は書かれていませんが、1930年代の王子製紙と推測しています。この表で橘木氏は企業内の経済格差に触れています。われわれ歴史家がみて重要と思われることが２点あります。１つは、職階による賃金格差です。工場長以下の職員と平の男工（ブルーカラー）の年収を比較すると、これがすさまじい格差です。工場長の年収はご覧のように１万808円、男工の17.3倍です。そして、正社員（ホワイトカラー）の年収は2,463円、男工の3.9倍です。

この工場長や正社員の年収は、現在のお金に換算していくらになるでしょうか。後でお話ししますように月給100円で東京のサラリーマンも「普通の生活」ができたという時代です。ボーナスを含め年収1,200円、これを5,000倍すれば今のお金に換算できます。約600万円です。これに対し１万808円は5,400万円、正社員の約2,400円は1,440万円になります。参考に、現在の主要企業の取締役について2015

図表1－1　企業内の賃金格差（1930年代）

	年収（円）	倍率（普通工＝1）
工場長	10,808	17.27
工場長代理	6,419	10.25
工場係長	5,008	8.00
正社員	2,463	3.93
準社員	1,626	2.60
雇員	1,480	2.36
準雇員	1,338	2.16
男工頭	980	1.57
男工（普通工）	626	1.00
女工頭	464	0.74
女工	281	0.45

（出所）橘木俊詔『日本の経済格差』岩波書店、1998年、49頁より引用。
注）賃金は某製紙会社の資料とされる。

年度の年間報酬をみると、「賞与あり」で1,775万円、「賞与なし」で1,452万円です。ちなみに、社長は同じく4,141万円、3,000万円です（産労総合研究所のデータより。上場企業1,500社と未上場企業から任意に抽出した1,000社の計2,500社にアンケートを実施、回答があった155社のデータをまとめたもの）。一般的に当時の工場長は本社の課長クラスと同じか、高いところで部長クラスと同じ職階で、まだ取締役ではありませんでした。それが、現在の社長に比べても年収がかなり多かったのです。そして後で触れますが、当時もっと有名な企業の課長や部長となると一般的にこの企業の工場長よりもさらに収入が多くなります。

次に、階級（地位）別格差としては、ホワイトカラーとブルーカラーの賃金格差が非常に大きいことが重要です。両者の賃金格差について、「現代ではせいぜい 1.5 倍前後」であることから「戦前の職業間格差がもたらす身分制が厳格であった」と橘木氏は指摘しています。雇員、準雇員は正社員の見習いです。こうした正社員の職階が複数であることも戦前の身分制の特徴を示しています。この身分制に関しては、現代ヨーロッパも職業間格差が大きく、戦前の日本と同じ性質があることは周知のとおりです。

もう１点注目されるのは、男女の賃金格差が非常に大きかったことです。一般的に戦前は女性の正職員はいませんので男女の工員の賃金格差ということになりますが、男工の年収 626 円に対し、女工はわずかその 45%、281 円しか年収がありません。先ほどお話しした普通の生活の基準からいうと４分の１か５分の１であり、この会社からもらう賃金だけでは単身生活はきびしく、働く女性の自立などまずもって想定されていなかったといえます。

今日の話に関係して橘木氏が触れていることを敷えんしました。この本は日本の経済格差の経済分析が目的ですから、歴史を振り返るにしても、戦前の個別企業の階級別、職業別、男女別の賃金格差を瞥見するだけでいいのかもしれません。しかし、近現代の格差・貧困問題を歴史的な視点で明らかにするとなると、ここからが本番です。個別企業内の種々の賃金格差に関しても、なぜ、いかなる格差がどう生じているか、射程の長い複眼的なまなざしを向けた検討が必要になります。

（３）　近世と近代の類似性と差異

戦前の賃金格差に関連してもう１点だけ、その格差のすさまじさが近世社会と類似していることをお話しします。近世史家の磯田道史氏が『江戸の家計簿』（宝島社新書）という本を書かれています。この本でおもしろいのは、武士や町人、農民等の「年収」を現在のお金で示していることです。たとえばこんな風です。

まず武士。町奉行（420石）は年収1億2,600万円、与力（60～80石）は1,800～2,400万円、同心（約30俵）は300万円。次に町民。東急百貨店の前身である呉服店・白木屋の例。1662年、京都の材木商大村彦太郎が江戸に創業。19世紀初頭には従業員200人前後をかかえるまでになりました。1687年の年商は88億5,000万円。番頭約300万円、奉公人120～180万円。職人の代表として江戸の大工（稼働294日）は794万円。最後に農民（田1町歩耕作）は396万円。

遊女の揚代などにも触れておきたいところですが、時間がありません。これだけでも江戸時代は正真正銘の身分社会であることが実感されます。支配階級である上級武士はやはり「高給取り」です。町奉行の禄高など大したことがないと考えてきましたが、1億円を超える収入があったとは少々驚きです。時代劇で馴染みの南町奉行大岡越前は２億160万円、北町奉行「遠山の金さん」は年収３億1,500万円です。後者はもともと家禄500～600石の旗本（最後は3,000石の知行取となる）、家来を約14人かかえ、その給金など出費がかさみます。全部が奉行の収入だったわけではありません。与力の高収入と、これに対し一方、同心が意外と少ないことも新鮮でした。それから岡っ引きが年収７万5,000円であることを付け加えておきましょう。同じ「警察機構」の中でこの信じがたい収入格差、これが身分社会たる所以です。なお、同書では将軍の年収は１兆3,890億円とされています。

商人の社会も同様です。上述の88.5億円は「一大企業」白木屋の年収であり、店主の収入は不明です。年収数億円は下らなかったのではないかと思います。それに対して、従業員の収入の少なさが注目されます。磯田氏によれば、白木屋では経営を担った「支配役」（番頭）が３人置かれ、筆頭が専務、後の２人が常務、支配役の下にいた「年寄役」が部長、その下の「小頭役」が課長に相当するポジションです。その専務や常務が年収約300万円というのは、店主との対比でこれも近世身分社会の本質を端的に示すものです。「奉公人はまじめに勤め上げれば役職につくまで出世できたが、経済的な余裕はあまりなかった」。この点、近代社会が拠って立つ原理はまったく違います。

近世と近代の格差の異同をまとめておきましょう。近代においても工場内の賃金格差は大きかった。これは現代のヨーロッパと似ている面でもあり、また格差の大きさ自体は近世身分社会の伝統を継承し、一面ではそれに規定されているといえます。しかし、近世と近代は重要な違いがあります。近代社会においては会社の中で「出世」、つまり地位が上がればそれに応じて高収入が得られ、期待どおりの経済的な余裕が保証されます。「出世」と経済の両立が近世と異なる近代身分社会の特徴です。地位が上がっているのに、一般の従業員と収入は大して変わらないのはそもそも近代の経済原理に反します。格差の大きさだけをみれば同じように身分社会といってもいい。しかし、従業員や社員に限ると、近世の商人社会における番頭にみるように地位が上がっても収入は大して増えないという「出世」と収入の格差、それを成り立たせた組織や働き方のあり方が近世と近代を分ける重要な相違点です。また、町人の大工の年収の多さは前述のとおりですが、磯田氏にいわせると「『奉公人＝会社員』より職人の方が高給取りだった」ことも近世社会の重要な特徴といえます。

2　昭和初年のサラリーマンと新身分社会

（1）　戦前の普通の生活

経済格差や貧困の歴史を考えるうえでどの階層を取り上げるか。職工や農民、女性を取り上げるのは人口などを考えれば自明です。しかし、サラリーマンを取り上げることについては少し説明が必要でしょう。なぜ、経営者や資本家でなくサラリーマンなのか。

サラリーマンは1930年、全国で159万人をかぞえました（図表1-2）。この年の就業者数は2,962万人ですので、割合はまだ５％です。現在と比べはるかに少ないとしても、社会にとってネグリジブルな存在かといえば、それは違います。サラリーマンは当時、「給料生活者」とか、職工との対比で「職員」、「社員」、やや蔑称気味に「腰弁」とか呼ばれました。第２次大戦後ホワイトカラーと一般的に呼ばれるようになるのはC.W.ミルズの同名の著書（翻訳）の出版が契機になったといわれています。「会社員」と呼ばれるようになるのも同じころでしょうか。また「中産階級」というのは主として経済的基準にもとづく階級概念です。

なぜサラリーマンかというと、使用者（雇用主）と雇用者の視点でみると、サラリーマンも職工も女工も、使用者に対して同じ雇用者であり、格差や貧困を歴史的に問題にするのであれば３者間の格差・貧困こそがポイントになると考えているからです。また、格差・貧困の歴史的変化をみるうえでもこの方が現実的で有効です。日本の場合、サラリーマンは経営者の予備軍という点もありますが、結局はこうした視点の問題に帰着します。

今日、皆さんに紹介しなければならないと思ってもってきた本があ

図表１-２　戦間期のサラリーマン

（単位：千人、％）

	1920	1930	1940	1920	1930	1940
Ⅰ俸給生活者層	1,310	1,591	3,291	4.8	5.4	9.7
a. 下級官公吏	198	252	413	0.7	0.9	1.2
b. 事務技術職員	523	641	1,774	1.9	2.2	5.2
c. 専門的職業	589	699	1,104	2.2	2.4	3.3
Ⅱ生産的労働者層	4,232	4,514	6,962	15.5	15.2	20.5
a. 近代的生産部門	1,438	2,098	4,206	5.3	7.1	12.4
b. 家内工業部門	1,879	1,281	1,396	6.9	4.3	4.1
c. 単純労働者	915	1,135	1,359	3.4	3.8	4.0
Ⅲ 不生産的労働者層	1,714	2,364	1,796	6.3	8.0	5.3
a. 商業労働者	608	836	513	2.2	2.8	1.5
b. 家事使用人	655	781	705	2.4	2.6	2.1
c. その他サービス	451	747	578	1.7	2.5	1.7
Ⅳ 自営業（主）層	3,590	3,843	3,590	13.2	13.0	10.6
Ⅴ 職人	1,029	1,907	1,658	3.8	6.4	4.9
Ⅵ 農林漁業層	14,553	14,548	14,262	53.4	49.1	42.1
	27,267	29,620	33,915	100.0	100.0	100.0

（出所）原朗「階級構成の新推計」安藤良雄『両大戦間期の日本資本主義』東京大学出版会、1979年、より作成。

注）１．「自営業（主）層」は「自営業主層」と「名目的自営業層」の合計。

２．「農林漁業層」は「農林業主層」と「農林漁業労務者層」の合計。

ります。私にはいろいろ勉強になった本で、ジャーナリストの岩瀬彰氏がまとめた（岩瀬2004）です。この本を読むと、サラリーマン的価値観が社会に定着したのは、昭和一桁の時代と書かれています。この時代に高等教育機関が急増、明治大正期にはまだエリート色の強かったサラリーマンが完全に大衆化したともいっています。サラリーマン的価値観の定着やサラリーマンの大衆化を昭和一桁の時代とするのは時期尚早だと思いますが、それはともかく、下層社会から抜け出た職工（ブルーカラー）にとって、サラリーマンはこの時代に「人間らしい働き方、生活」のモデルとなり、目標になったのではないか。また、会社内におけるサラリーマンとの種々の差別は職工の不満を誘うものではなかったか。こうした点もサラリーマンの存在に注目する理由です。

この本でもう１つ注目したいのは、戦前の大正末期から昭和 10 年代にかけて庶民の「普通の生活」の基準が確立していたとされていることです。その目安は「年収 1,200 円」、つまり月収にして 100 円です。経済史を研究していますのでお金から社会をみることは癖のようになっています。しかし戦前の人々の生活を理解しようにも、現在までの物価の変動を考慮する必要があります。商品ごとに現在の貨幣価値との比較の尺度（物価指数）がまちまちだったりして、庶民にとって普通の生活というのが年収レベルでいって具体的にどのくらいか分からないもどかしさがありました。この本はそこをズバッと普通の生活——といっても東京のサラリーマンの生活ですが——の目安を提示しており、格差・貧困を歴史的に検証するうえで突破力があるというか、物事を判断する基準、決め手が得られました。

岩瀬氏によると、当時の物価は現在の 2,000 分の１、よって年収 1,200 円は現在のお金では 240 万円になります。収入を比較する際、5,000 倍という物差しを使うケースもあるようですから、これだと当時の 100 円は現在の 50 万円に相当します。2015 年の勤労者家計調査では世帯当たり平均月収は約 52 万 5,000 円でほぼ符合します。「物価は２千倍上がったが、収入は５千倍上がっており、そのぶん日本人は豊かになったと考えればよいのではないか」と氏は述べていますが、妥当な見方だと思います。

（２） サラリーマンと学校歴社会

日本の社会は「学歴社会」といわれますが、前述のとおり厳密にいうとこれは不十分な見方で、「学校歴社会」というべきです。すぐれた学歴社会研究である（天野 1982）などを読むと、学歴社会と学校歴社会の区別が不徹底で、一部混同されているところもあります。しかし、学校歴社会や学校歴主義は日本型の学歴社会、学歴主義であり、両者は厳密に区別する必要があります。たとえば、よく引き合いに出されるドイツは学歴社会であると同時に徹底した「資格社会」です。どんな職業でも然るべき資格が必要です。資格はだいたい大学で取得します。連邦制のドイツでは大学は州立ですので、どの大学を出たかというのは人の評価にはあまり関係がありません。これに対して日本はどうでしょうか。資格は医者や弁護士、教員など特定の職業に限定されます。われわれ大学の教師も同じく教員ですが資格は必要がないのです。こうした社会では、人の評価や学生の就職の際に出身大学が過度に重視されることになるのは、皆さん、常識的にご存じのとおりです。なお、日本とドイツの相違点として、学歴社会と学校歴社会、資格社会のありようなどに関しては、勤め先の先輩教授で著名なドイツ史家の望田幸男氏からよく聞かされました。

かつて学生が就職するとき指定校制度というのがありました。企業が大学生を採用する際、東大や京大など旧一期校の国立大学や早慶など一部私大の学生に限りました。今はそうした露骨なやり方はなくなりましたが、関西の状況だけをみても京大をはじめ旧一期校のいわゆる難関大学が学生の就職において他私学より優位にあることは明らかです。これも学校歴社会の反映です。なぜこういうことになるか考えたことはおありでしょうか。一般の企業ですので、入試の成績が多少いいことぐらいは社員としての能力評価の基準にはなりません。所詮合理的理由はなく、唯一、旧一期校の場合、入試科目は５教科７科目、これに対し私学の場合は国英社（数）の３科目、前者は嫌いな科目も

図表１－３　各企業の学歴別初任給

<table>
<tr><th></th><th>三菱合資
会社関係</th><th>三井物産</th><th>住友合資</th><th>東京瓦斯
(事務)</th><th>高島屋</th><th>加島銀行</th></tr>
<tr><td>帝大</td><td>90</td><td rowspan="2">80</td><td rowspan="2">80</td><td>75(法科)</td><td rowspan="2">60</td><td rowspan="2">80</td></tr>
<tr><td>商大</td><td>80</td><td>75</td></tr>
<tr><td>同専門部</td><td>75</td><td></td><td>70</td><td rowspan="2">65</td><td></td><td></td></tr>
<tr><td>神戸高商</td><td>75</td><td>80</td><td>70</td><td></td><td>70</td></tr>
<tr><td>慶大・早大</td><td>75</td><td>72</td><td>60</td><td rowspan="2">60</td><td>45</td><td>75</td></tr>
<tr><td>地方高商</td><td>65 ～ 70</td><td>64</td><td>60</td><td></td><td>60</td></tr>
<tr><td>中央・法政・
明治各大学部</td><td>65 ～ 70</td><td>72</td><td></td><td>55(早慶
専門部も)</td><td></td><td></td></tr>
<tr><td>私大専門部</td><td>50 ～ 60</td><td></td><td></td><td>50</td><td></td><td>65</td></tr>
<tr><td>中等程度、
甲種商業</td><td>35</td><td>40(甲種
商業)</td><td>35</td><td>45</td><td>1.20 ～
30銭(日給)</td><td>35 ～ 38</td></tr>
</table>

（出所）前田一『サラリーマン物語』東洋経済出版部、1928 年の「初任大体標準一覧表」70 ～ 99 頁より企業を任意に選び作成。

捨てなかった頑張屋ゆえに「人間性もよく、能力も高い」ぐらいしか考えられる理由はない――。実は、これは著名な労働問題研究者熊沢誠氏から聞いた話です。熊沢氏も冗談半分にいったことですので、真に受けることはできません。

日本の学校歴主義を理解するには、歴史的な視点が欠かせません。そこで、1920 年代の企業の学歴別、否、学校歴別の初任給を示した図表１－３をみてください。確認していただきたいのは次の３点です。

第１に、初任給はだいたい 80 円前後です。この時代に制度化されるボーナスを加えると、どの会社も、新入社員でも年収 1,200 円はもらっているといえます。結婚して子どもがいても普通の生活ができる給料です。この点でも現在のサラリーマンより待遇はいいのではないでしょうか。

第２に、大学・高専卒（高等教育）と、中学校・実業学校卒（中等

教育）との初任給の格差の大きさです。同じ事務職でも、前者の初任給は後者の２倍以上の会社が多い。

第３に、大学・高専卒の間でも国立・私立間等で少なからざる初任給の格差がありました。図表１－３にみられる格差をおおまかにまとめると、帝大（多くは東京帝大と一部京都帝大）と東京商大が同格か後者が若干少ない。これに次ぎ東京商大専門部と神戸高商が同格。それ以外の地方高商は神戸高商等より10円前後初任給が少ない。私大は、早慶が神戸高商クラスよりやや少なめ。その他中央・明治等は多くは早慶と同じか10円前後少ない。

以上は、1920年代の状況です。明治末の状況をみると、「理工系は別として、帝大100に対して一橋60～70、慶應50～60、早稲田30～40」とされています（尾崎1967）。明治末は、出身大学等による格差がもっと大きかったのです。それが、10年程の間に格差はぐっと縮小した。それは、帝大をトップとするピラミッド構造の、下位の東京高商や早慶の底上げ、地位の向上によるものでした（３校とも1920年大学昇格）。先ほどお話ししたのは、それでもなお残る大学間の階層構造であったことに留意してください。

戦前の日本企業には厳格な身分秩序がありました。いくつか例をあげると、王子製紙と思われる前出の図表１－１の例では、まず月給制の職員層と日給制の工員層に分かれます。職員層は社員・準社員・雇員・準雇員の４つのランク、また工員層は１等工頭・２等工頭・３等工頭・工員と分かれていました。安田財閥の場合は参事・副参事・主事・書記・書記補・傭員および見習生、また、住友財閥の場合は１等社員・２等社員・３等社員・４等社員があり、その下に補助社員（傭員）がありました。

企業の身分秩序は、親任官・勅任官・奏任官・判任官・雇員・傭員など官僚制度を真似たものといわれ、また採用の学校歴主義と結びついていました。王子製紙の例では、入社後「社員」身分になるまでに必要とされた期間は「官立大学、早慶が1.5年、官立高専・私立大学2.5年、私立専門学校3.5年、中等学校8.5年」と学校歴によって明確に区別されていました。学校歴による格差は就職の時だけではなく、採用後もついてまわったのです。

工員や組夫の世界も学歴（学校歴ではない）の壁がありました。職員層は中等学校卒以上を採用し、工員や組夫は中等学校卒以上を採用しないという慣行が広くかつ厳格に守られ、採用方針として工員は高小卒が条件とされました。その結果として、組夫は尋常卒にかたよる構成になっていました。こうして、社員・準社員・工員・組夫という身分秩序が「大学・高専卒・中学卒・小卒というような学歴と見事に照応」（氏原1968）した企業社会ができあがります。

日本の学校歴主義の話を続けます。大学・高専の高等教育の卒業教育資格が職業資格に代位し、企業の採用時や採用後にその資格が人の能力評価の価値ある証明書として大学等と企業の関係が成立していることが学校歴主義の条件、とやや抽象的になりますが言うことができるのではないでしょうか。これは天野氏の研究などを参考にしております。天野氏は、高等教育卒業の学歴はサラリーマンになるための「職業資格証明」としての意味をもち、大学や高専はその「疑似職業資格化」した学歴＝教育資格証明書の発給所として機能するようになったといっています（天野1982）。したがって、大学等が個別に発行する証明書ですので、社会的にグレードの高い大学ほど高い価値があることは指摘するまでもありません。主として証明書の価値を規定するのは「発給主体は何か」であり、証明書所持者である個人はあくまで副次的です。学校歴主義が日本独自のものであり、たとえばヨーロッパにおいて希薄であるのは、天野氏の指摘のとおり産業界との大学等の関係の有無、ありように帰着すると私も思います。

では、戦前日本の学校歴主義と企業の身分秩序は何をもたらしたでしょうか。最後にこの点を見ておきます（図表１－４、１－５）。

サラリーマンは企業のミドルまたはトップ・マネジメントの幹部候補生として採用されます。明治期の「番頭経営」に代わる専門経営者としての役割を果たすことが期待されました。仕事上はデスクワーク従事者であり、職工の肉体労働（マニュアル労働とも呼ばれる）に対比されます。前者の学歴は今お話ししましたように中等学校卒以上が条件です。戦前の企業では、この有学歴者は初任給が会社の規則に規定され、昇進と昇給が保証されていました。また、新規学卒社員の多数採用が行われ、終身雇用でもありました。階級構成のうえでは「被支配階級」の「俸給生活者」に分類されますが、会社の役員になれば「経済的支配階級」の「法人経営者」に分類されます。

図表１－４では、1905 年と 30 年の２つの時期について、専門経営者（取締役）の経歴を比較しました。Ａは、新規採用された会社でずっと働いた後、役員になった者。Ａ´は、１回以上会社を変わった後、役員になった者。そしてＢは別の会社から引き抜かれて役員になった者です。要するに、「叩き上げ」で役員になった者（サラリーマン重役）の割合の変化をみようというわけです。見られるとおり、1905 年から 30 年の間に役員のありようは大きく変化しました。この時期には会社に入って 25 年前後で役員になるのが一般的でしたので、２つの年度は役員が総変わりするような間隔です。Ａは、22％から 53％に急増して

図表1－4　専門経営者の職歴別比率

（単位：人、％）

	1905	1930
A	8 （21.6）	247 （52.6）
A´	22 （59.4）	149 （31.7）
B	7 （18.9）	50 （10.6）
不明	—	24
合計	37（100.0）	470（100.0）

（出所）森川英正『日本経営史』日本経済新聞社、1981年より作成。1905年は同書第4章より作成。1930年は同書表3より引用。

注）1．Aは、新規採用された会社で一貫してビジネスキャリアを経験した後、その会社の取締役に就任した者。

2．A´は、1つ以上の勤務先でビジネスキャリアを経験した後、その会社に中途採用され後に取締役に就任した者。

3．Bは、別の勤務先からその会社の取締役に招かれた者。

図表1－5　大企業専門経営者の学歴

（単位：人、％）

	1905	1930	同左割合
（1）帝国大学	9	191	40.6
1．東京帝大	9	160	34.0
2．その他		31	
（2）高等専門学校	1	126	26.8
1．高等商業	1	89	18.9
うち東京高商	1	63	13.4
2．高等工業（高校工を含む）		26	
3．その他専門学校	1	11	
（3）私立「大学」		69	14.7
1．慶應義塾	10	40	8.5
2．「早大」		8	
3．その他		21	
（4）外国留学	6	8	1.7
（5）実業学校		10	2.1
（6）その他	9	44	8.9
（7）不明	1	24	
合　　計	37	470	100.0

（出所）図表1－4に同じ。78～79頁および第5章表1より作成および修正のうえ引用。

注）1．1905年「その他」の内訳「明治中等教育」4、「寺子屋」1、「洋学塾」1、「小学校」1、「明治商業学校」1、「中学校」1である。

2．1905年の高等商業は商法講習所、東京帝大には大学南校、工部大学校を含む。

3．1905年には各中退者も含む。4. 1930年「帝国大学」の法・工科等別内訳は法科62、工科122、農・理科7である。

います。一方、A´ は、59％から 32％に、Ｂも 19％から 11％にいずれも半減に近い。1930 年には「叩き上げ重役」は半分を超えていますので、この年にはサラリーマン重役制が定着した、そして、サラリーマン重役に限っては終身雇用と年功序列の制度が先駆的に確立したといえそうです。

次に、図表１-５で役員の学歴を見てみましょう。1930 年からみると、東京帝大が全体の 34％、他の帝大を加えると 41％です。高等専門学校の雄、高等商業と高等高工はそれぞれ 19％と６％。私学では慶應義塾は９％と多いですが、早稲田はネグリジブルです。つまり、企業の役員となると、東京帝大の圧倒的優位が指摘できます。それに比べもちろん人数はかなり少なくなりますが、２つの有力な高専卒も瞠目されます。これに比べ 1905 年はどうでしょうか。役員 37 人のうち東京帝大卒は９人です。しかしこれは、慶應義塾卒よりも少ない点がポイントの１つ。東京帝大卒にとって企業就職はまだ魅力的でなかった反映でしょう。そして、高等商業卒や高等工業卒もまだほとんど役員になっていません。一方、その他の「中等教育」や「寺子屋」、「洋学塾」、「小学校」だけの中・低学歴者もかなり役員になっています。外国留学の経験者が６人いることも注目に値します。

このように見ると、サラリーマン重役制が定着する過程は、学校歴主義が確立する過程と並行していました。そして、1920 年代にできあがった企業の身分制的秩序も、学校歴社会と表裏一体のものといえます。

（３）　サラリーマンの「費用対効果」

サラリーマンになれば、大学卒・高専卒の場合、最初から十分に普通の生活ができるぐらいの高額の給料をもらえることを先ほどお話ししました。「乞食と腰弁とは3日したら止められない」と当時もいわれたのですが、給料だけに限ればサラリーマンの生活は「金になる結構なもの」であることは間違いありません。ここでサラリーマンのお金の問題をさらに検討してみたいと思います。その一生を通してどれぐらい収入があったのか。そして、サラリーマンになるには高学歴が条件です。その費用はどれぐらいかかったか、サラリーマンのいわば「費用対効果」を検討してみます。戦前日本の経済格差を考えるうえで重要な問題です。

第1に、10年勤続者の平均俸給額予想は次のようになっています(単位円)。三井物産では帝大200～300、私大130～200、高専100～130、中等学校70。古川鉱業では同じく200、170、150、80。旧財閥系は各社あまり変わりません。三井物産のように月給250円とすると、ボーナスを含め年収は3,000～4,000円です。「中流の『人間らしい生活』を営む標準」として5人家族で年収3,000円という議論が当時ありました(森本厚吉「現代経済政治の『日本標準』」『中央公論』1921年2月)。これは過大だと思いますがトップエリートのサラリーマンは10年勤めれば立派に森本の「中流階級」の仲間入りができたのです。もう1点、採用時にあった学校歴による格差は開く一方であることに注目してください。中等学校卒は10年働いても月給はトップエリートの初任給と同額か5～10円多いだけです。10年働いてやっと普通の生活ができるようになったというところです。

第2に、階級別格差の大きさを課長のボーナスと年収で見てみましょう(図表1-6)。課長といっても、戦前の企業では現在と異なり、重役の一歩手前のポジションで現在の部長に当たることにご注意くだ

図表1－6　課長になるまでの期間と年収等

	初任給	課長までの期間	月給	ボーナス	備考
日本石油	・帝大70円（手当13円） ・慶大早大65円（同13円） ・甲種商業36円見当（同10円）	20～30年 但し見習期間として慶大早大1年、甲種商業2、3年	250円（勤続20年～400円（30年）	半期12、3カ月	主任（課長の下）、入社後10年、月給150、60円、ボーナス7、8カ月
日本銀行	・帝大商大100円（臨時手当を含む） ・慶大早大90（同） ・甲種商業40円（同10円）	課長は局長に当たる現局長は22年～26年	年俸3,000円前後、ボーナスと合わせ年収1万前後		調査役（書記・局長の中間職）は、依然10年前後、今は12、3年
日本郵船	・帝大商大70円 ・慶大早大65円 ・甲種商業35円	25～30年	年収1万円前後、ボーナスは株主配当年1割の場合は半期6カ月相当		入社当座のボーナス・官私大卒年額5か月相当・甲種商業卒、半期1か相当
三井合名	・帝大75円 ・慶大早大75円	だいたい20年前後	200～500円見当	・毎半期普通賞与2か月プラス特別賞与20か月分以上（多い場合1万円以上）	課長ポスト7（うち2は重役兼任）
横浜正金銀行	・帝大80円 ・慶大早大60円 ・甲種商業35円	25～30年（平均25年）	500円見当	「重役の手盛り」（「秘密」）	

（出所）「課長となる迄には何年かかるか」『実業之日本』1929年9月1日号より作成。他に住友銀行があがっているが省略した。

注）やや後の時期になるが同誌には「大銀行会社の課長になったらどの位の月収があるものか」『実業之日本』1936年8月12日号が掲載されており、それで任意にめぼしい会社の課長の年収を示すと以下の通りである。

・三井銀行1万6、7,000円　・三菱銀行1万5,000円見当　・三井物産2万3、4,000円　・三菱商事1万2、3,000円　・日本生命7,000円級
・明治生命4、5,000円　・東京海上8、9,000円　・東京電燈5,000円見当　・鐘紡8,000円　・東洋紡7,500円　・東洋レーヨン1万円クラス
・帝国人絹6,000円　・三菱重工業（本店の第1、2、3課長クラス）1万円級　神戸造船5,000円（部長1万5,000円）
・日立製作所？？？（部長2万円級）　・新潟鐵工所5、6,000円　・日本製鋼所6,000円（部長級1万円内外）　・日本鉱業（部長2万4、5,000円）
・三井鉱山（部長2万2、3,000円　その下の主任級8,000見当）　・三菱鉱山（部長クラス2万円、副部長1万円）　・日本石油7、8,000円
・王子製紙1万5,000円　・東京電気4、5,000円（部長1万5,000円　・阪急5,000級。

さい。課長になるまでの期間はだいたい20～30年です。経営者の認識ではボーナスは一種の「チャリティー」と意識され、権利義務の関係で支給されるようなものではありませんでした（前田1928）。よって企業の業績によって変わります。また、企業によってもかなり異なります。当時、「重役の手盛り」、「平に薄い」などといわれました。年収と給料の関係は、三井、三菱の財閥系では平社員の場合、ともに2倍です。ところが、「高給取り」になると6～7倍と3.5倍に開き、重役では40～50倍と8～10倍にさらに開きます。

こうした年収と給料の差は主にボーナスです。ボーナスの額は企業によって、そして階級（地位）によってこれほど違ったのです。総じていえば、課長の年収は多い企業で2万3～4,000円、少ない企業で5,000円、多くは上下5,000円の幅で1万円前後というところでしょうか。企業によって差がありますが、一見して信じられないほど課長の年収が多い企業が数多く存在することは確かです。ちなみに、首相や大臣の年俸が1万2,000円、8,000円の時代です。

第3に、退職金はどうでしょうか（図表1-7）。勤続年数25年で月俸に乗ずる月数は、三菱合資で190か月、大阪商船195か月、三井物産135か月、第一銀行100か月と、これもちょっと信じられないような額です。定年が早く、年金制度もない中、企業は社員に対し退職後の生活保障も必要です。こうした事情も背景にあってか、『サラリーマン物語』の著者前田一は誇らしく語っています。「仮に25年勤続者があったとすれば、相当の経歴あるものでざっと月俸300円になって居るだらう。（中略）各会社銀行の退職慰労金は三菱で57,000円、三井物産40,500円、安田保善社32,250円、住友合資37,500円、大阪商船58,500円、第一銀行30,000円という具合にどっちに転んでも3万から

図表１－７　退職金の計算（月俸に乗ずる月数）

勤続年数	三菱合資	三井物産	第１銀行	大阪商船
1	2	1		
5	10	5	2（勤続３年）	6
10	30	30	23	24
20	130	95	70	120
25	190	135	100	195
30	230			

（出所）図表１－６に同じ。同書164頁以下にあげられている各企業のうち任意に取り出し作成。
注）１．空欄はなし。
２．退職金に関する前田の説明は次のとおり。「仮に25年勤続者があったとすれば、相当の経歴のあるものでざっと月俸300円になって居る。（中略）各会社銀行の退職慰労金は三菱で57,000円、三井物産40,500円、安田保全社32,250円、住友合資37,500円、大阪商船58,500円、第一銀行30,000円という具合にどっちに転んでも３万から５万の慰労金はとれようというものであるからナマおろそかに考えては罰が当る」（174～75頁）と述べている。

５万の慰労金はとれようというものであるからナマおろそかに考えては罰が当る」。

中等学校卒の場合、25年勤めても月給300円はいかなかったかもしれません。しかし、大卒・高専卒の場合、25年勤めれば月給300円はかたいといえます。退職金３～５万円というのは、普通の生活ができる年間の収入1,200円で除して25～42年分に相当します。これは退職後の生活を保証するに十分な金額です。年金は当てにならないといわれる現在、退職金と合わせても豊かな老後の生活が送れるか今の人々は強い不安をもっています。現在と比べ、戦前のサラリーマンの方が老後は豊かだったかもしれません。なお、三菱合資と三井物産の退職金の差は在職中のボーナスの違いを反映していると考えられます。

以上はサラリーマンになって得られる経済「効果」に関する話でした。次は、サラリーマンになる「費用」の話です。「費用」とは何か。

サラリーマンになるには学歴が必要です。最低でも中等学校卒、エリートたらんとすれば大卒・高専卒の学歴が必要ですので、具体的にはその学資が費用です。また、農家や自営業の子弟であればとくに長男は重要な労働力です。単に労働力としてだけでなく、小学校を卒業して、自家の仕事をせず中等学校に進学したりすると、自家の仕事を通して得られる稼ぎが失われます。その稼ぎは自家の仕事をしていれば得られたのに失われた、いわば「逸失利益」（語義は違うが）と家族にとらえられます。貧困の反映です。後で見るとおり戦前では高等小学校（高小）を卒業すると多くの子どもは働きに出て、収入を家に入れていました。もう立派な稼ぎ手でした。そうした子どもも、進学しなければ稼ぎがあるのに、進学してその稼ぎがなくなるということで稼ぎ相当分も（家族に）「逸失利益」と観念されることになり、このことが子どもの進学の障害になりました。これは農家の子どもと同じです。

戦前の日本では本人が進学を望んでいるのに経済的理由でかなわず、その結果サラリーマンになれないということが一般的でした。大学や高専に進学できるのはごく一部の経済的に恵まれ、子どもの教育にも理解がある知的・文化的レベルの高い階層、具体的には都市の新中間階級や農村の地主層、最低でも一部自作上層の子弟に限られました。一般的な農民や労働者の庶民はおよそそういう世界とは無縁の生活をしていました。これは指摘せずとも、皆さんぐらいの世代であればだいたい常識としてご存知だろうと思います。

中等教育・高等教育の就学率を見てみましょう（表示は省略）。中等教育は1900年３％、05年４％、10年16％です。以後10年おきの推移をみると、20年25％、30年36％、40年46％、戦後もっとも早いデータがある47年が62％です。都市と農村の地域別と男女別もみるべきですが省略します。明治末以降、10年間で10ポイントずつ上昇し、戦時期には小学校卒の半数は中等学校に進学するようになったといえます。ところが、大学や高専の高等教育はどうでしょうか。1900年0.5%、05年0.9%、10年1.0%です。以後10年間隔でみると、20年1.6%、30年3.0%、40年4.7%、47年不詳です。高等教育の就学率も入学者数を小学校の当該年次の卒業者数で除したものです。1910年から40年の間に約５倍になったといっても、もともと１%、100人のうち１人進学していたのが、30年間で５人になったという程度のことで、中等学校の就学率の上昇とは意味が違います。加え、高等教育で増えたのは高専の就学率であり、帝大をはじめ大学の就学率はきわめて低いままで変化ありません。このように見ると、中等学校には約半数が進学するようになりましたが、進学はそこまで、高等教育への進学は控える、とくに帝大など大学への進学は戦前の最終段階である戦時期においてもごく一部に限られた、というのが正確なところです。

となると、なぜ高等教育の就学率がそれほど上昇しなかったかが問われなければなりません。主要な理由はやはり経済的理由です。昭和初年の授業料は、中学校約60円、実業学校35～50円、高等学校・高専80円、大学120円です。農村では中学校でも下宿しなければならない生徒がいました。ましてや高等学校・高専、大学になると地方出身の場合、下宿（学寮）が必要です。生活費は、自宅通学の場合年間60円ですみますが、下宿等は年間、高等学校370（450）円、高専390（540）円、大学600（630）円です。ここでもう一度、月給100円、年収1,200円がなければ東京での普通の生活がむずかしかったことを想い起こしてください。大学に子どもをやろうと思えば、この半分を高等学校・大学合わせて６年間、毎月仕送りする必要があったのです

（東京でなければ普通の生活の条件は下がる）。大内兵衛は、この経済的負担に耐えられるのは、官僚なら奏任官クラス、地主なら全国約５万戸の10町歩以上地主に限られると指摘しています（大内 1935）。原体験のある当事者の指摘だけに正しい。なお大内は淡路島出身。

大内の指摘は私の見方を裏付けるエビデンス（証拠）として挙げました。戦前の日本では高等教育の大学・高専クラスは学資の負担から普通の庶民には門戸が開かれていませんでした。都市では新中間階級の上層以上、農村では具体的な土地所有規模は措いてそれなりの地主層の子弟に限られていたことは間違いありません。このように、サラリーマンへの就職格差につながる教育格差は固く世代間で再生産されていました。この点でも戦前のサラリーマンの世界はまだ強固な身分社会であったといえます。

３「よそ者」としての職工・女工

（１） 加太こうじの経験

職業柄、資料として人の自伝や評伝をよく読みます。加太こうじという人物をご存知でしょうか。もともと紙芝居作家で、思想の科学社の社長や編集長を務め、大正・昭和の庶民史、世相・風俗・文化史の評論を行い、多くの本を書いています。晩年に日本福祉大学教授にもなっています。東京下町の庶民の生活が知りたくて、『日本のヤクザ』（1964 年）や『ふたりの昭和史』（1964 年）、『東京の原像』（1980 年）などを愛読してきました。加太は 1918 年、東京市浅草の「食べる物も節約しなければならないほどの貧乏ぐらし」（以下、加太（1964）から引用）をする家に生まれています。今からみると少年時代の貧乏ぶりは半端ではありませんが、昭和初めころの東京下町の貧しい庶民の子どもや女性の姿がよく描かれています。

加太いわく「貧乏街」だった荒川区尾久町に引越をして1929年、西小学校を卒業します。勉強がよくでき師範学校への進学を希望していましたが、給費制度廃止のため高小に進みます。小学校の同級生は６クラス310人余りでした。そのなかで中学校に進む男子は３、４人しかいませんでした。女学校も同じだったといいます。「５年間も高い月謝と衣服代、本代、交通費、小遣い銭を我が子にあたえられる父兄は非常に少なかった。多くの家では子どもを働かせたがっていた」。しかし、小学６年だけでは一生不利だとだれもが考えていた。そこで親連中は費用もかからず、２年で卒業できる高小へ子どもを進学させた。小学卒業前の１学期、男60人、女30人が高小への進学希望を学校に伝えていた。こうした中、加太のように師範（本科正教員になれる）進学のための高小希望は女子を含め７、８人であった、といいます。

高小の月謝は２円でした。高小２年の1931年には２、３回しか払っていません。３、４か月の滞納くらいでは催促を受けなかったといいます。それでも入学したとき１クラス60人近くいた同級生が２年生になると40数人に減っていました。「中途退学した者は工場へ見習工にいくか商店へ住込んで働いていた。見習工は日給40銭で10時間労働、住込み定員は朝暗いうちから夜更けまでこき使われて、月給５円が相場だった。それでも家計のたしになるから少年たちは働いた」。

加太の話を続けます。加太の家が貧乏だったのは、加太によれば父親が「精神が不安定で他人と長く付き合えない」性格だったからです。父親は浅草にいるころ「毎日ぶらぶらし」た生活をし、尾久町には夫婦で駄菓子屋をやるため引っ越しました。一家の生活は複雑です。このように父親が人並みに働けないこともあって、母親は住込みで女中奉公にいき、給料を全部家計のたしにしていました。また、父親の姉２人が１人は浅草で芸者、もう１人は商人の妾となって弟、つまり加太の父親の家族を食わせていました。父親が「人並みに働く男なら姉２人がそろって日陰者の一生を送らなくてもすんだ」、「二人は古い家制度の犠牲者」と加太はいっています。

もう２人、少年加太をめぐる女性に触れます。１人は、隣に住んでいた和服のよく似合う「某氏の二号さん」。この人に加太は小さいころ可愛がられますが、小学１年のとき旦那と別れて中国の大連に行きます。一緒に住んでいた祖母らが不幸せな人だから大連まで流れていったと話をしているのを加太は聞いています。もう１人は、その二号さんが引っ越した後、越してきた若い男女２人。祖母らが「ハイカラさん」と呼んでいた女性に加太は当時珍しいカステラの西洋菓子をもらったり、「ドナウ川のさざなみ」等のレコードを聞かせてもらっています。40 年後、文筆家になった加太は、70 歳になった男性から「あれは友人の奥さんをあずかっていたので、私の妻でも何でもない人だったんです」と聞かされます。

なぜこのような話をしたかというと、戦前の日本の２つの格差・貧困問題を都市の下流階級の側から見たかったからです。加太が小学校を終える昭和初めころでは、教育戦略が貧困から抜け出るうえで欠かせません。サラリーマンになるには中等教育以上、職工でも高小卒の学歴が必要でした。加太の家は明らかに都市の下流階級です。新開地の下町、いわく「貧乏街」という地域性は考慮すべきですが、下流階級の子どもが経済的理由で貧困の再生産を余儀なくされていたことを読み取るべきです。

もう１つは、女性の貧困問題です。現在でもシングルマザーの問題が貧困問題としてもっとも深刻です。女性の仕事がろくになかった時代、女工をやめた女性、カフェの女給をやめた女性、そして夫が亡くなった女性らはどう生活していたのか、など気になっていた問題です。加太が日常的に目にし、接した女性たちの世界は当時しごく普通でありふれたものでなかったかと思われます。何しろそうでもしなかったら、「食えなかった」のですから。

（２）　企業の身分秩序と職工差別

古い私事を持ち出して恐縮ですが、私がある学会誌に修士論文をまとめて発表し研究者の端くれに加えてもらったのが 1979 年でした。この年、日本資本主義の階級構成を新たに推計し直した重要な論文が発表されました（原 1979)。農業史を研究し研究者の端くれとなった私に強いインパクトとともに次のような点で確信のようなものを与えてくれた論文だったことからよく記憶しています。話がちょっと難しくなりますが新推計の要点をいえば、有業者人口ベースに統一し、家族従業者も含めた結果、農民層の比重や商工業自営業者など中間層の比重がそれまでの推計よりずっと大きくなりました。労働者数についても零細工場の労働者を加えたため、相当異なる結果を示すことになりました。

新推計が示す多くの事実の中で、今回のスコーレに関係する点を挙げておきます（図表１－２)。第１に、俸給生活者層、つまりサラリーマンは事務職員・技術者層を中心に 1920 年から 40 年にかけてかなり増加し、40 年には全有業者の 10％を占めます。これはなぜサラリーマンに注目するかという問題に関係しています。

第２に、近代的生産部門の労働者層をみると、1920 年には全有業者の５％にすぎません。10 年後の 1930 年は７％です。この間比重はあまり変化しません。また、近代的部門の工業だけでみると、近代的部門と家内工業部門はほぼ同一の比重とされています。ここには、これからお話をする重工業大経営の職工や紡績女工・製糸女工らが含まれます。次章に関係する点として、戦時経済のもと軍需による重工業の一層の発展でこの部門の労働者層は１割を超えます。まだ１割というか、やっと１割というか、いずれにしても全有業者人口の中の比重はあまり変化しません。他の労働者層も同じように増えているからです。たとえば生産的労働者層の単純労働者は日雇・仲仕・土工等ですが、その比重はかなり高く、しかも人数も割合も 40 年にかけてかなり増加しています。

ついでに第３の点も触れておきましょう。女性の「職場」を内務省統計でみると、農村婦人 569 万人、家事使用人 72 万人、紡績業 47 万人、商業的職業 42 万人、女給・芸妓など接客業 32 万人、蚕糸業 22 万人、教員など教育方面 11 万人などです（「東京日日新聞」1935 年６月 12 日付）。紡績女工や製糸女工は未婚女性の代表的な仕事です。それと並んで、女中や女給・芸妓等接客業の従事者がこれだけ多いことをどう考えるかが問題です。

現実の資本主義は、階級構成はそんなに単純ではありません。とくに後発国「キャッチアップ型工業化」の典型例である日本では、それに応じて独特の階級構成をとると考えておりましたので、以上紹介した階級構成の新推計は私には理解しやすいものでした。農民層や都市の中間層、多様な労働者をリアルに位置づけており、今や常識になりましたが重要なものです。今回の話を組み立てるうえで改めて参照し、多くの示唆を受けました。

さて、前置きのような話が続きました。本題に入ります。まず職工から。

第１次大戦後重工業が発展します。重工業大経営は絹綿の紡織業とともに当時のリーディング・インダストリーです。職工は重工業大経営の労働者に限りませんが、重工業発展の担い手として取り上げます。まずサラリーマンとの格差をみると、職工の賃金は日給、または日給月給でした。統計データでは賃金は重工業労働者２円32銭、紡績女工１円15銭、製糸女工93銭でした（１日当たり、1927年)。ちょうど紡績女工の２倍です。なお、日雇人夫は男１円98銭、女１円07銭でしたから、男の日雇人夫よりちょっと多いというところです。仕事の内容が違いますので比較はあまり意味がありませんが、紡績女工のちょうど２倍です。労働日数25日として月収58円。普通の生活ができる月収100円の６割ですので、これだけをみれば生活は余裕のあるものではなかったといえます。第１次大戦後、一般的に企業は職工定着化のため経営対応をはかります。その結果、賃金は不況下でも下方硬直化し着実に上昇しました。職工の生活構造は「下層社会」的水準から離脱すると同時に、中小工場の労働者との賃金格差が拡大しました(二重構造)。

このように、重工業大経営の職工の働き方や賃金は明治期に比べ格段に改善されます。しかし、企業による職工の管理はとうていまともな雇用とはいえません。これから日立製作所日立工場の例をもとにお話しします（以下、日立製作所日立工場の事例は主にドーア（1987)、菅山（2011）による)。

日立工場では先ほど触れたような賃金面での一定改善がなされる一

方、工場の中では職工は職員（社員、サラリーマン）とは全く別処遇でした。職員は中等教育以上の学歴が必要であり、職工と職員はそもそもコースが別であり、この学歴問題が壁になって職工の職員への登用は例外的でした。職工の雇用関係も基本的に社会システム化以前の雇用といえます。職工の賃金制度についていえば、賃金は「賃格」と呼ばれる日給でした。ただし、定額で支払われるのは少数であり、多くは組請負の出来高払制でした。作業の多くは職工５、６人の組単位で行われました。職工の賃金は年２回の査定により昇給します。未経験者の初給だけ規定がありました。イギリスでみられたような、熟練労働者の職種別の標準賃率の考え方は日立工場にはありませんでした。定期昇給は期待できず、ボーナスも賃金２週間分だけでした。

職員との間には露骨な待遇格差や身分差別が存在しました。各年齢層の職工の所得を100として、中学・実業学校卒の職員の所得は25～29歳170、30～34歳215、35～39歳279、40～44歳441です。同じく官大卒の社員では25～29歳350、30～34歳368、35～39歳431、40～44歳615とさらに拡大しました。また、職工に対してはアメよりムチの管理が行われました。現場労働者に対する厳しい規律、ムチ（処分濫用）による職場秩序の確保、職工の自律的なモラルに対する経営側の根深い不信感のほか異なる工場入口など日常生活上、数々の差別が横行しました。

当時戦後と異なり、雇用調整の手段として解雇はめずらしくありませんでした。同工場では1930年と31年に大量解雇が行われ、29年末の在籍者数の29％が解雇されました。注目すべきは、大規模な設備投資中で高配当を行っている最中での解雇だったことです。「賃金の低い日雇工をかなりの数残したまま、定雇工の解雇にふみきった可能性が強い」、そして「解雇者の比率が企業内での『身分』によって」大きく異なり、「男子の定雇工では全体の 36％（役付工だけでは 37％）が、学歴をもたない社員も 29％が解雇されたのに対し、学卒社員の解雇率は 12％に止まっていた」。

このように見ると、日立工場には職員との間に露骨な職工差別があり、職工の雇用は当時でもとうていまともな雇用とはいえません。職工の処遇は、職員が日立「社員」とすればほとんど「よそ者」の位置づけであったといって過言ではありません。

（３）　紡績女工は「よそ者」

2015 年、高井としを著『わたしの「女工哀史」』という本が岩波文庫で出版されました。細井和喜蔵の『女工哀史』はご存知の方が多いのではないでしょうか。細井は丹後ちりめんで知られる京都府与謝郡加悦町（現与謝野町）の生まれです。女工だった母親や親代わりの祖母を早くに亡くし、小学校をやめた後、大阪や東京で紡績機械工として働くかたわら紡績工場で働く女工の労働実態を克明に記録したのがこの本です。横山源之助『日本の下層社会』（1899 年）や農商務省商工局編『職工事情』（1903 年）などと並ぶ戦前の工場労働を知る重要な文献です。高井は細井の妻であり、自伝としてまとめたのがこの本です。高井は「10 歳で紡績女工になり、労働運動を通じて和喜蔵と出会い、事実上の共作者として夫の執筆を支えました。戦争を挟んだ貧しさのなか、ヤミ屋や日雇い労働で５人の子を育てながら、社会保障を求めて闘い続けた生涯の記録」とされています。

日本の繊維産業について本書の「解説」も参考に少し説明しておくと、製糸業（繭から生糸をとる）、紡績業（棉花を紡いで綿糸にする）、織物業（生糸や綿糸を織って織物にする）の３部門から成ります。製糸業は長野県諏訪地方や京都では綾部の郡是製糸が有名ですが、内陸部で発達します。紡績業は原料棉花の輸入の関係で大阪や東京、名古屋の大都市部集中型です。また、製糸業は女工の熟練が必要であるため中小規模の会社が多かったのに対し、紡績業は明治の初めから機械化が進み、大量生産が可能となり、大規模機械制工場が主役でした。日本の産業革命が始まる明治30年代、織布部門も紡績工場に組み込まれ、紡織業の近代化が飛躍的に進むとともに、女工の遠隔地募集と寄宿制度が一般化しました。

紡績女工や製糸女工の過酷な労働と悲惨な生活については多くの研究で明らかにされていますが、あらためて１、２点触れておきます。高井の女工時代を知るうえで必要です。

高井が親元を離れ、最初に紡績工場に入ったのは1913年です。当時女工の結核疾患が大きな社会問題でした。この点に関し、労働者の衛生問題を研究していた医学士石原修が次のように記しています（石原1914）。「毎年田舎から、（中略）全国の、工場のある都会へ出てくる女工（全体――庄司）の数は20万人。この20万人の将来はどうなるかというに、短きは１年以内、長きは３、４年内に生まれ故郷に帰る者が８万人。他の12万人という者は生まれ故郷には帰らずに、違った田舎の地方に帰ることになっている。もちろん、このうちの少数は都会にはいってしまう。国に帰る８万人は病気のために帰るのが大多数で、ことに結核が多数を占めている。生まれ故郷に帰らないで他の郷土でやっている職業は、ほとんど淫売婦である。もちろんそのなかにも病人が多い」。

女工に結核が多い重要な理由は、「狭い部屋に大勢詰め込む」寄宿舎生活にあると石原は書いています。「どのくらい結核になる人があるかというと、生きている者は別として、死んだものを調べるとまず５割で、（中略）農民よりは女工のほうが死亡率が３倍のように思われる。それで結核で死ぬ者を農民と女工で比べてみると女工のほうが５、６倍に達している」。

繊維産業の労働者の７～８割は10～25歳の女工であり、地方の農山村からの出稼ぎでした。彼女らの多くは工場で働くようになってすぐに結核にかかり、田舎に帰って死にました。そして、田舎に帰らない女性たちも病気をかかえ他のまちを転々とし、「淫売婦」などをしながら生きていく者が多かったのです。

女工は現在の派遣労働の原型です。

周旋人による労働者募集に応じて彼女たちは工場に行きました。周旋人はいわば「ピンハネ」です。女工は、製糸女工と紡績女工では若干違いますが、いずれも10代中心の未婚女性で、貧しい農家の出稼ぎ、出身農家の家計補充か「口減らし」が目的です。そして短期雇用であり、これも製糸女工と紡績女工では少し違いますが工場を次々に変えて働きます。それと表裏して深夜労働やきわめて劣悪な衛生環境の寄宿舎での集団生活など、工場内で非人間的な労働と生活を余儀なくされました。

現在の格差・貧困問題の原因は企業の都合だけを考えた非正規雇用や派遣労働の広がりにあることは序章に触れました。日本では非正規雇用や派遣労働者は労働者としての基本的権利が保証されていません。労働者の基本的権利は雇用主である企業が保証すべきものです。労働者の基本的権利が保証されていないことは、企業にとって派遣労働者などが「よそ者」であると示しています。この点に現在の非正規雇用や派遣労働者をめぐる問題の本質があります。それは歴史をさかのぼれば、究極の形態として女工の雇用に見い出すことができます。職工もそうした側面があることはお話ししました。もとより、これは周旋人の介在だけでなく、女工の雇用総体の問題です。

さて、高井の女工時代に戻ります（以下は、本章巻末付表を参照）。高井は岐阜県の貧しい山村（揖斐郡久瀬村）の出身です。父親は三男で分家をしていましたが、高井によれば「畑も山もなかったようでした」。しかし、「弁が立ち、読み書きそろばんが達者」、「体が丈夫で働き者」でした。高井の家は貧農層というより農村雑業層といったほうが適切です。山村の久瀬村には「山も畑も少なく、とても生活ができず」、一家で静岡県に炭焼きの出稼ぎに行ったりしていました。静岡県で小学校に入学し、姉と下宿住まいをしました。村に帰ると、父親は魚の干物や塩物を仕入れて、村中売って歩きました。魚を竹かごに入れて、天秤棒でかついで売り歩く人を村では「ぼてふり」といって蔑みました。母親は屑まゆを買って糸引きをしたりしていました。高井も近所の家へ茶摘みに行ったり、夜は桑もぎに行って、10時過ぎまで夜なべ仕事をしました。

こうした生活をしていたせいか、高井は小さい時分から「町へ行って働きたい、少しでもお金儲けができたら」、「働いて、自分の金で親や姉妹の喜ぶことをしたい」と思う子どもでした。本人は父親に似て「弁護士」と渾名されるほど「弁がたつ」子どもでした。父親にそろばんを教わると、「手より頭の方が速く」暗算で速くやってしまうような子どもでもありました。

満で10歳5か月のとき（1913年）、村に女工募集人が来て、「日給は13銭、寄宿舎もあるし、仕事は楽で楽しい。糸引きやはた織仕事だし、たべて着て、親助けになる」と大垣の会社へ働きに出ることを誘いました。高井は「１日働いて13銭なら１月で３円もらえる」と喜び、姉も含め村中から10人一緒に大垣の東京毛織に入社することになりました。出かけるときは「母親に髪をゆってもらい、少ない着物の中から一番よい着物を着て」、皆、「喜んでおしゃべりをしながら４里の道を歩いて」行きました。「生まれてはじめて、あこがれの金儲けができる町へきて」、高井は大喜びでした。

ところが、「きいて極楽、見て地獄」。１日13銭の日給は、食費を差し引くと残り４銭、石鹸やちり紙、１か月１足の麻裏草履を買うと１銭も残りません。当時花王石鹸は１個９銭、ちり紙は１畳３銭だったそうです。「寄宿舎では１室20畳20人ぐらい、夜は布団を引っ付け合って、真ん中に30センチほど開けて２列に寝るので、誰かがいびきをかいたり寝言をいうと皆いっぺんに目がさめ、そういうときは神経の弱い」高井は朝まで眠られず困ったといいます。食堂は汚いうえに薄暗く、おかずらしいものはなく、毎日たくわんと味噌汁だけ。たくわんは古くて臭いし、味噌汁は実らしいものが何も入っていない「鉄砲汁」。そのうえご飯は外米、「粘りもなくばらばらで、箸にも棒にかからんもの」でした。

山村の貧しい家に生まれ育った少女が紡績女工になるというのはどういうことかを皆さんにリアルに知ってもらうため、お話ししました。高井は頭のいい賢い子どもでした。現在であれば大学まで行って先生や小さい時の渾名のように弁護士になっていたかもしれません。しかし、賢かった高井は女学校に行って勉強を続けるなどということは全く考えていません。これは家の階層や女性であったことに関係するとともに、時代に規定された文化の問題でもあったでしょう。貧しいため小さい時から働き、経済的に苦労したがゆえに10歳にして、早く働いて金を稼ぎ、親に孝行したいとひたすら願っていた少女。高井にとって紡績会社に入社することは夢でした。ここに募集人の甘い言葉に乗せられる隙がありました。結果的に募集人に騙されたわけですが、考えるに、こうした貧しい少女が置かれた状況、その思いとそこにつけ入って機能した女工の募集人制度との相互関係は当時の紡績業の発展、ありようを考えるうえで忘れてはならない重要な問題です。

高井は騙され、紡績工場の現実に大きなショックを受けたと思います。しかし、紡績工場等で働くことをやめるわけにはいきません。高井が紡績工場で働き始めたのは1913年であり、そして高井の本によれば京都の「小さな紡績」をやめた26年以降、紡績工場で働くことはなくなります。再婚して子どもが生まれ、ヤミ屋をやるようになります。紡績工場で働いたのは、何度か中断がありますが13年ぐらいです。その間、次のように工場を転々としました。そして、女工以外にカフェの女給や女中もしました。転々と工場と仕事を変える高井の足跡を示すと次のようになります（本章巻末付表）。

東京毛織（大垣市、1913年）→奈良県郡山の紡績工場（15年）→日本毛織（岐阜市、15年）→豊田織機（名古屋、19年）→東京深川の紡績工場（20年）→東京モスリン（亀戸、20年）→東京モスリン追い出される、細井と結婚、関東大震災など→猪名川製織所（兵庫県、23年）→東京に戻り、東京モスリンに入社しようとするがうまくいかず（24年）→本所のカフェ→東京市内を転々と女給や小料理屋の女中をする→星製薬（24年）→亀戸でカフェの女給（25年）→細井や子ども亡くなる→東京を逃げるように大阪へ（26年）→佐野紡績（26年）→京都の「小さな紡績工場」（26年）

当時、紡績女工などの離職率、転職率は非常に高かった。理由に関しては女工の「逃亡説」や工場間の女工獲得合戦の激しさが指摘されますが、結局は女工の雇用がまともでなかったことが重要です。つまり、女工は所詮、会社にとって男の職工以上に「よそ者」でした。それゆえ、女工はちょっとしたことで会社をやめます。その理由はまた別の会社に簡単に入れるからです。これが高井の事例が示している重要な事実です。女工が会社の「よそ者」である反映であり、会社と女工の雇用のあり方に帰着する問題といえます。

一例をあげましょう。高井は1919年秋、名古屋に行き豊田織機に入社します。豊田織機は新しい自動織機が入って「仕事がとても楽」で、寄宿舎も居心地がよかったといいます。ところが、会社でストライキがあり、労働者に団結を訴える吉野作造の「個性の発見」がのった１枚のビラを読んで、矢も楯もたまらなくなり、その夜旅費をつくって上京しました。18歳のときです。こうした行動は、女工の「逃亡説」や工場間の激しい女工獲得競争だけでは説明がつきません。

高井の例が示しているもう１つ重要な事実は、女工と女給（カフェ）、女中（小料理屋）などの労働市場が同じか、ひとつながりであったことです。高井は和喜蔵と一緒になって、「生きるためにはどろぼうのほかはなんでもしなければ」と思い、東京市内を転々と女給や女中をする時期があります。紡績工場への入社の相談をした従妹の妻の、「働くところは紡績ばかりではない。若いのだからカフェに行けば食うに困ることはない」という助言があったといいます。従妹の妻は着物と帯も買ってくれました。高井いわく、「笑うに笑えない、泣くにも泣けない、女給の生活」です。22～24歳のときです。またその後、和喜蔵と和喜蔵との間にできた子どもも亡くして、高井は「追われるようにして」大阪に行きます。その時の大阪駅前は「宿屋と口入れ屋がずらりと並んで」おり、「私は紡績で働きたい、経験工です」との高井の話に、口入れ屋は「あほかいな。あんな汚い仕事、給料かて安いし、カフェか料理屋に行かんか。きれいなべべ着てようけもうかりまっせ」と誘ったといいます。

高井は希望どおり大阪で小さな紡績工場に入ります。「ほんとうに嬉しかった。生き返ったような気持であった」といいます。しかし、口入れ屋の話を聞いて大阪でカフェか料理屋に行っていれば、その後の人生は違ったものになっていたかもしれません。

4　農民の貧困

（1）　村における大きな格差

先の階級構成表（図表１－２）をもう一度見てください。1920 年は有業者数 2,728 万人のうち 1,455 万人、53％が農林漁業層です。20 年後の 40 年は 1,426 万人で 42％。有業者数が増えたぶん割合は 10 ポイントほど減少します。しかし人数はあまり変化しない点が１つミソです。農林漁業層のほとんどは農民です。そして農民の人口は戦前を通して有業者の中で最大のボリュームを誇っていたことは周知のとおりです。

戦前の日本資本主義をめぐって社会科学全体をまきこんだ重要な論争がありました。いわゆる講座派と労農派の日本資本主義論争です。その論争における最大の論点は戦前の農業問題、とくに地主制をどうとらえるかにありました。地主制のもと戦前の農民が貧しかったこと自体、両派に認識の違いはありませんでした。いずれも前提として農

図表1-8　地主の収入規模

（単位：町歩、円）

	土地所有規模	小作料収入	その他	合計
根津家（山梨県、1926年）	田95.0　畑65.0	44,624	71,235	115,859
槌賀家（兵庫県、1926年）	田19.2　畑16.8	9,378	13,428	22,806
関本家（山梨県、1927年）	田 3.8　畑 4.0	2,036	1,179	3,215
小池家（長野県、1926年）	田 4.0　畑 2.5	1,923	2,458	4,381

（出所）根津家と関本家は永原慶二他『日本地主制の構成と段階』東京大学出版会、1972年、槌賀家は拙著『近代日本農村社会の展開』ミネルヴァ書房、1991年、小池家は西田美昭編『昭和恐慌下の農村社会運動』御茶の水書房、1978年。

民の貧困問題がおかれ、農民の貧しさからの解放をどう成し遂げるかをめぐって激しい論争が展開されました。農民の人口が圧倒的に多かったことから、農業問題をめぐる論争は日本資本主義の性格規定、その変革の課題と展望に及びました。これが日本資本主義論争の基本的構図です。

今日の話は農民の貧困や他の階層との関係、格差が問題です。まず、地主の収入規模を示した図表1-8をみてください。昨年のスコーレでも話をしましたが、日本の地主的土地所有というのは大地主があまりいなかったことが特徴です。もちろん、東北や新潟、北海道などには何百町歩や1千町歩を超える巨大地主がいました。だがそうした地主は数が少ない。せいぜい10町歩や5町歩の中小地主が圧倒的に多かったのです。そこでこの表では、土地所有160町歩、20町歩、7～8町歩の3つのタイプに分けて収入規模を示しました。各地主の人数は50町歩以上1.1万人、10～50町歩12.3万人、5～10町歩31.9万人です（1920年）。地主は大きくなると、小作料の収入だけでなく配当や利子の収入が増えます。この表の根津家は山梨の大地主ですが、会社（東京の東武鉄道など）を経営していますので役員報酬も加わります。

小地主だと自作をする者も多いので本来なら自作収入と小作料の収入を分けるべきですが、この表ではそれはしておりません。このようにいろいろと留保が必要ですが、大まかな収入規模だけ見ていただきます。

①160町歩地主・・・約11万6,000円

②20町歩地主・・・約2万3,000円

③7～8町歩地主・・・約3,000～4,000円余り

②は内閣総理大臣の年俸（1万2,000円）の倍、③は帝大教授(3,100円）や奏任官と同じか1,000円ほど上です。以下の農民の平均所得を以上と比較してください。

・自作・・・約400円

・自小作・・・約350円

・小作・・・約250円

農民の平均所得は肥料代などの必要経費と小作料を引いたものです。総じて、全国では労務者（日雇？)、人力車夫、東京ではその他有業者、接客業、家事使用人など、いずれも最低所得のクラスと同じレベルです。小作も自小作も自作も、東京で普通の生活を送る収入規模、年収1,200円には遠くおよびません。また、10町歩以上の地主でないと田舎から大学にはやれない、という先に紹介した大内兵衛の見立てが正確であったことが確認できます。

上の地主と自作を比較すれば、7～8町歩地主の8分の1から11分の1、20町歩地主の57分の1、160町歩地主の290分の1です。日本の地主は大地主、巨大地主になっても村にとどまり、都会に出て行かないのが特徴です。日本の村は、これほど格差があった地主と農民が同じ村民として生活していたことになります。

（2）　農民の貧困

戦前の農業はまだシンプルで、田んぼでの米づくりが中心でした。当時「米と繭の経済構造」といわれたように畑では桑をつくり蚕を飼って、繭をとる養蚕が盛んに行われていました。第1次大戦後、都市の発展に対応して野菜の生産も始まりますが、現在に比べ産地も生産高も限られていました。

農家の84％が1町歩未満、そのうち0.3町歩未満20％、0.3～0.5町歩16％——。このような規模でも人が農業をやり生活していたともいえますが、農業の零細性が日本農業の重要な特徴です。加え、戦前は地主制がありました。多くの農民は地主から土地を借りて農業をやっていました。小作料は高く、現物（米）で収穫の半分前後も地主に取られていたのです。桑園の場合、貨幣に換算して納めます（代金納)。ということで、地主からすると自分で農業をやるよりも、兼業で他の仕事をやる一方、人に土地を貸して小作料をもらう方が経済的に有利な状況がありました。これが大地主だけでなく零細な地主が多い日本の地主制の特徴が生まれる背景です。

ここでちょっと思考実験です。8反歩の田んぼで米づくりをしている農家を想定してください。農業史では普通相対的に経営規模が大きい東北と、総じて零細な農家が多い近畿を比較して全体像を把握しますが、耕作規模で上・中・下層の3層区分すると8反歩は東北では中層、近畿では上層の下限といえます。そして、全部自分の土地であれば自作、半分地主から借りているのは自小作、全部借りているのは小作です。なお1920年代は、反収（1反歩当たり米収穫量）2石前後、米価は1石（150kg）30円前後です。取れた米全部を売ったとして、3

つの層の１年間の米の収入は次の通りです。

①自作 480 円（2 石× 8 反歩× 30 円）

②自小作 360 円（(2 石× 4 反歩＋ 1 石× 4 反歩）× 30 円）

③小作 240 円（1 石× 8 反歩× 30 円）

以上は収入です。所得はここから肥料代等の経費を差し引かなければなりません。当時だとこちらの方が意味は重要ですが、米づくりは収入をあげる仕事であるとともに家族の飯米確保を目的としています。戦後、国民１人・１年当たりの米の消費量のピークは 118kg（1962 年。なお、2016 年は 54kg）です。人が目いっぱい米を食べるとして、農家が 6 人家族だとすると年間の飯米は 500 ～ 600kg（3.3 ～ 4 石）必要になる計算になります。しかし実際、とくに上記小作の米経済では明らかに家計は成り立ちませんから、自家で取れた米はできるだけ高く売って安価な外米や麦等を食べるということになります。また、多くの借金のためとれた米は早々に売り払い、食べる米もなくなるといった農家がとくに次章で見る昭和恐慌下には東北の農村を中心に数多く見られました。

以上が 1920 年代における農家の米経済の構造です。当時はまだ米づくり中心の農家経済でしたが、耕作規模 8 反歩ぐらいでは米づくりだけで前述の日雇人夫の年収 480 円（ 1 円 98 銭× 20 日× 12 か月）に達するのは自作に限られ、自小作や小作でははるかにそれ以下だったのです。それゆえ、多くの農家にとって、兼業による補完が不可欠でした。また、副業や主業としての養蚕経営を行ったり、野菜生産の高収益な農業により経営を多角化することが安定した農業経営と農家経済のために必要でした。この野菜生産等による「もうかる農業」は 1930 年代以降、都市近郊地域において急速に広がります（第２章）。

一部の自作上層や地主層でなければ、経済的理由のため小学校を終えた子どもを上の学校に進学させることが一般的に困難であった、あるいはあったとしても例外的であった、後継ぎの長男や女の子どもだけでなく次三男も——。これは以上から裏付けられます。そうした子どもたちに用意された就業の道は、男子も女子も、地元か都会に出て、雑業的な仕事につくか、小さな商店や工場に奉公に出る、また高小を出ていれば大きな工場で働く（職工）かして将来の独立自営を期するか、あるいは女工になるなど限られたものでした。

（３）　資本主義の発展と広範な農外就業

1920 年代の農民の経済と生活は、資本主義の発展と労働市場の拡大との関係を抜きにしては正しくとらえることはできません。

第１次大戦の開戦とともに熱狂的な大戦景気が現われる中、日本の資本主義は重化学工業化によって飛躍的に発展し、この発展をバネとして 1920 年代に独占資本の支配体制が確立します。1914 年から 19 年にかけて鉱工業生産指数は 5 倍、職工 5 人以上工場の生産価額は 5 倍、同労働者数は 1.8 倍増加しました。これに伴い労働市場は拡大し、都市への人口集中が進みます。日露戦争後 20 年間の変化を見ると、1910 年から 30 年にかけて近代産業の有業者は 168 → 343 万人へと 2 倍増加する一方、在来産業の有業者も 785 → 1,270 万人へと 1.6 倍増加しました。1915 年から 20 年にかけてとくに近代産業の雇用が大きく膨らんだことが特徴であり、その有業者は 50 万人弱増加しています。農家の次三男も数多く工場の職工になっていったことがうかがわれます。ところが、1920 年代になると、それは 40 万人弱の増加にとどまります。しかも、これは官公吏等の増加によるところが大きく、職工 5 人以上工場の労働者はあまり増えていません。1920年代には近代産業の追加の労働力需要は製造業関係に限ればほとんどなくなったのです。

それに代わって在来産業が1920年代に大量の労働力を吸収します。この10年間で当該有業者は260万人も増加しました。増加した有業者の就業先は商業・サービス業をはじめとする第三次産業が中心です。これらの中身は種々の雑業層でした。雑業層の増加は都市が中心ですが、農村でも増加しました。そして、雑業層といっても多くは1日当たりで見るとその賃金は農業所得より高かったことが重要です。

労働市場の拡大には明確な地域差がありました。この時期に労働市場が拡大したのは京阪神、東海、京浜の各地帯です。これらと対照的に東北は労働市場があまり拡大しませんでした。そして他の地域はその中間にありました。こうした中、農家の次三男はどうなったでしょうか。工業が発展し労働市場が拡大した愛知県や兵庫県などでは第1次大戦後、10代の青年が農業に就業することは減少し、農家の後継ぎの中にも農外の仕事をする人がかなり出てきました。その結果、農業従事者数が減少する中、女性の農業従事者のウェイトが高まりました。一方、労働市場があまり拡大しなかった東北ではまだ明治期の農業就業の構造が残り、後継ぎだけでなく、次三男や娘たちなど若い男女が多く農業に就業していました。その結果、農業従事者数と農家数はともに増加します。自家の農業を手伝っていた人の一部が分家するなどして新たに家を興し、そのまま農業を続けていたのです。

農民は農業だけで暮らしていたのでないこと、否、多くの農民にとって経済的に兼業が不可欠であったことはすでに明らかにしました。経営の大小やどれだけ自分の土地を所有しているかによって兼業の比重や内容が変わります。農林省『農家経済調査』はこれを統計的に明らかにしていますが、調査の対象は平均の経営耕地面積が1.5町歩以上とかなり上層の農家であり、調査に偏りがあります。しかし、こうした上層農家でさえ、平均2割前後の農外所得を得、そのうち労賃俸給は全体の1割前後に及んでいるのです。

1924年に岡山県南部の農民を対象にアンケート調査が行われ、彼らがどの程度、どんな兼業に従事していたかが明らかにされました（大田 1958）。当時多発した小作争議の理解にとってもこの調査は貴重です。というのも、調査の対象となっているのは農民組合員だったからです。彼らは自小作農か小作農と考えてよい。これら300戸の経営耕地面積は5反〜1町歩が135戸（45%）、1町歩以上が101戸（34%）と農民組合員ということもあって県の平均よりかなり上層に偏り、基本的に農業だけで生活可能な中農規模の農家が少なく見積もっても過半に及んでいます。

アンケートの結果を見ると、兼業に従事する者が202戸（67%）に及び、また兼業の職種は延べで262に達し、複数の兼業に従事している者も少なくありませんでした。兼業の内容は教員や官吏の「専門的なもの」が8、役場吏員や商店員等の「事務的なもの」が3であり、両者を合わせても対兼業職種数比は4%弱にとどまります。圧倒的に多かったのが賃労働（43）、麻裏製造（35）、馬車引き（15）、日雇（12）等をはじめとする「熟練・半熟練的なもの」であり、延べで187（62%）にのぼります。次いで商業や行商を中心とする「自営的なもの」が64（21%）です。「熟練・半熟練的なもの」「自営的なもの」は資料用語ですが、中身は雑業的な兼業といえます。

岡山県南部は兵庫県や大阪府の都市周辺地域ほどではないですが、工業の発展の影響を受けて労働市場が拡大し、地域内に商業など自営兼業の就業機会が拡大したところです。こうした地域において中農層を半数以上含む農家群であるにもかかわらず、これだけ多くの農家が多様な形で雑業的な労働市場と結びついていたのです。すぐ後の説明との関連では、こうした条件の中で農民にとって農業か兼業かという選択の自由が広がり、農外の仕事と比較して農業が有利かどうかの判断が可能になったといえます。

（４） 不利化する農業

松本（1923）は1920年前後の農村の状況をリアルに伝えていますが、その中に興味深い松本の経験談が紹介されています。松本は名古屋市郊外の調査からの帰途、ある人力車夫に出会います。60歳に近いその男は、１か月50円の収入は楽に稼げる、これは農業収入に直すと１反歩、年間に見積れば1.2町歩耕作するのと同じ収入になる、だが農業はこの面積を耕作するのに家族全員が働く必要がある、それを考えれば「世の中に百姓程馬鹿な職業はない」と語ったといいます。松本はこの話の前に愛知県のある地主が「付近農村青年が名古屋方面の工場に出勤する態は恰も学生が登校せるが如く隊伍をなして居る」と語ったことも紹介しながら、「小作人はこれらの収入する所得と小作農業の収入とはどうしても比較せずには居られぬので、その結果は小作農業の零細なる収入に対して彼等自身自棄的たらざるを得ない」と述べています。

第１次大戦後、農業は職業として不利化しました。これは第２次大戦後とくに高度経済成長期以降先進各国に共通して現われる農業問題、つまり農工間の所得不均衡問題の萌芽です。そこで、図表１－９を見てください。明治期まで米価の動きと強い相関があった農業日雇賃金が

図表1-9　農業日雇賃金（男子）と米価との関係

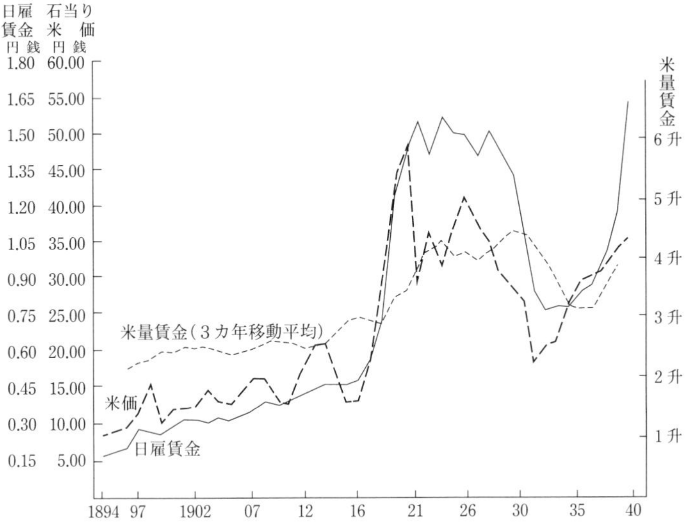

（出所）梶井功『同著作集1　農業生産力の展開構造』筑波書房、1986年、53頁より一部改変のうえ引用。

この時期、米価の上昇をはるかに超えて高騰しました。同時に、農業日雇賃金は明治期には米で支払われましたが、この時期には貨幣での支払いが一般化しました。ある推計によると、農業日雇の労働報酬の額は、明治期には食費の見積額一升を加え3.4升であったのに対し、この時期には4.4升となり約3割上昇しました（梶井1986）。

賃金上昇の背景には資本主義の新たな展開、労働市場の拡大による労働力需要の増大がありました。1920年代には産業別・企業規模別の賃金格差が大きくなり、労働の「二重構造」が顕在化してきます。そのなか賃金水準を比較すれば、農村部の日雇は、紡織工業の女工の賃

図表1－10　1時間当たりの農業所得と農業日雇賃金

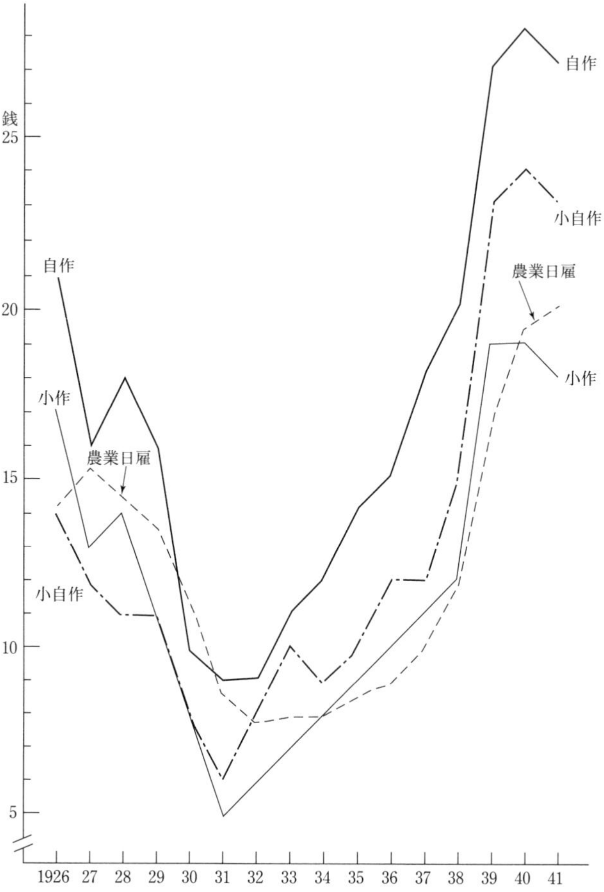

（出所）暉峻衆三『日本農業問題の展開』下、東京大学出版会、1984年、71頁より一部改変のうえ引用。

注）自小作は自作地の割合によって「自小作」と「小自作」に分けることがある。「自小作」は自作地＞小作地、「小自作」は自作地＜小作地。自小作は省かれているが、「自作」に近い線が描かれるとされる。

金を別にして重層化した労働市場の最底辺にありました。さらに農業日雇は農村部の日雇の中でも一段低い賃金水準にありました。その農業日雇賃金に比べて米価が上述のような関係にあったことは、農業という職業あるいは農民という階層がこの時期、日本社会においてもっとも恵まれない職業、勤労者になったことを意味します。

これを農民の階層別に明らかにしたのが、図表１－10です。この図は農業労働１日当たりの農業所得（農業経営によって得られた総収益から小作料を含む農業経営費を引いたもの）と農業日雇賃金を比較しています。これによって、１日農業で働くのと、農業日雇に出るのとどちらが経済的に有利かが明らかになります。農業所得は、小作農では1921年から29年にかけてどの年も農業賃金よりずっと少なく、自小作農もやや米価が上向いた1923～26年を除いて少ない。農業所得が農業賃金を恒常的に上まわっているのは自作農だけです。自小作農や小作農の農業所得が農業賃金より少ないのは、地主に小作料を支払っていたからです。

おわりに

各章の最後は、関連する雇用の問題を１つ取り上げてまとめをしたいと思います。本章ではホワイトカラーに注目して、昭和初めころの格差・貧困問題をトータルかつ多角的に解き明かしてきました。ホワイトカラーを軸にしたところに私見の特徴、独自性があります。労働史は農民史とともに豊富な研究を誇りますが、女工や鉱夫、重工業大経営の職工などブルーカラーの研究に集中し、ホワイトカラーはあまり研究されてきませんでした。むしろ（高等）教育史や経営史に注目すべき研究が多いようです。その中で菅山（2011）は両者を対象にした重要な研究であり、今日もその成果の一部をもとにしてお話ししました。なぜホワイトカラーかというと、その存在を無視しては格差・貧困問題の根幹はとらえられないからです。格差・貧困問題は指摘するまでもなく「格差の中の貧困」問題であり、単なる格差問題でも、またただの貧困問題でもありません。戦前の企業ではホワイトカラーは給料やボーナス、退職金等で破格の待遇でした。加え、大学を出て一流企業に就職したような人は現在から見ても立派な終身雇用・年功序列でした。これに対し職工や女工など一般労働者の場合、現在の視点でみて会社が直接雇用していたといえるでしょうか。あるいは、まともな雇用といえるか。そうはいえないと考えています。両者の間には多くの不当な差別もありました。ホワイトカラーに対しブルーカラーを企業にとって「よそ者」と呼んでいる菅山氏の見解に賛同するとともに、この時期の格差・貧困問題の本質の１つはこの点にあります。なぜホワイトカラーとブルーカラーなのかもう１つの理由は、歴史をとらえる視角に関わります。日本における格差・貧困問題の歴史は、第１次大戦後の現代化の歴史としてとらえられます。そして、その歴史の根幹を形づくったのは労働者や農民など庶民のホワイトカラー化、ブルーカラーのホワイトカラー化でした（第２章、第３章のテーマ）。その意味でもホワイトカラーの存在は格差・貧困問題の歴史をとらえるうえで鍵になるといえます。

付表　髙井としをの略年譜（女工時代）

1902 年	10 月	岐阜県揖斐郡久瀬村に生まれる。父親は 3 男で分家、「弁がたち、読み書きそろばんが達者」、「体が丈夫で働き者」。久瀬村は山村で「山も畑も少なく、とても生活できず」、一家で静岡県に炭焼きの出稼ぎに行く
1909 年	春	小学校入学（静岡県）、姉と下宿住まい
1011 年		久瀬村に帰る。父、魚の干物や塩物の「ぼてふり」、母、屑繭を買って糸引きで生活。静岡県の山では「いつも白いご飯」、村へ帰って「麦めし」の生活。近所の家でお茶摘み、夜桑もぎで働く。「町へ行って働きたい、少しでもお金儲けをしたい」と思う
1913 年	3 月	10 歳、東京毛織（大垣）に入社、村中から 10 人、姉、従妹、友人らと一緒。大喜びするも、「きいて極楽見て地獄」、1 日働いて 13 銭の日給は、食費を差引くと残り 4 銭、石鹸やちり紙等を買うと 1 銭も残らず。寄宿舎は 1 室 20 畳 20 人ぐらい、食事は毎日みそ汁（「鉄砲汁」）と漬物ばかり、外米のご飯
		会社では 1 日中（12 時間労働（6：00 ～ 18：00、休み昼 30 分、9：00 と 15：00 各 15 分）立ちづめの糸屑拾い、1 年過ぎても日給は 1 銭も上がらず、仕事は「出来高払い」と知る。1 年後、やっと 1 台のはた台持ち」に。「もう 1 つ大変なことは」夜業、「12 時に夜食を食べてから朝まで仕事だといわれ、泣きたくな」った。会社を「逃げ出す」ことを考える
1915 年	春	12 歳、奈良県郡山の紡績会社に入社。日給安く、食物まずくて、「代りばえ」せずがっかり。
1915～19 年	盆	日本毛織（岐阜市、父、人事課に勤めていた）に入社。父の家は狭く、寄宿舎に入る。母没、継母との生活、父解雇、初恋など
1919 年	秋	豊田織機（名古屋）に入社。読書・短歌に励む（徳富兄弟の著書、文学書など）、吉野作造の論文、「生きるための、一生の神さま」に
1920 年	4 月	豊田織機でストライキ、1 枚のビラを読み「矢もたてもたまらなくなり」、36 円を持ち上京
	4 月	深川の紡績工場に入社。濃尾大地震の直後、レンガ造りの工場で「この若さで死にたくない」と 2 日で逃げ出す
	4 月	上京ひと月後、東京モスリン（亀戸）に入社（保証人なし、門番が保証人に）。当時の給料、織機 4 台持ち 1 月 40 ～ 50 円、年末は賞与と給与合わせて 105 円もらったこともある（1 回だけ）。大好きな本、上等な着物や帯、銀座でスイス製の金ぐさりつきの懐中電灯を買う
	5 月	日本最初のメーデーを見に行く（上野公園）、「人の多いのと赤旗にびっくりして見てきた」
	夏ごろ	東京モスリンでストライキ、8 時間労働、賃上げ、自由の権利など「むずかしい話」が多かった。最初の演説、食事の改善要求、その要求は次の日いなり寿司、次の日焼イワシ、カツ丼・カレーライスなどときどき出されるようになる
		会社の追い出し。1 週間警察に拘禁、殴るけるの拷問を受ける。寄宿舎を出され、本屋の 2 階に下宿（6 畳と 3 畳の 2 間）。「大好きな本が身近にあり、新しい本がいつでも手にはいり、金のない時には借りることができるし、生まれてはじめて本箱や机を持ち、毎晩でも行きたいところに行けるので、お芝居でも歌でも見に行けるので」
1921 年	5 月	細井和喜蔵と出会う、ベーベル『婦人論』をもらう。「昔から知りあいの人みたいで、気安くお話しできた」、「細井だけが、私を同じ人間として同等にあつかってくれる」。
	1 年後	「友情結婚」後、男女同権をいい実行してくれたことが「なによりありがたく感じた」
1923 年	9 月	関東大震災後、東京を一緒に脱出
	9 月	猪名川製織所に一緒に入社（和喜蔵機械直し、としお織場）、給料 2 人で一月 30 円ほど。年末の原稿料 100 円受け取る（執筆中の『女工哀史』）
1924 年	2 月	一緒に上京、東京モスリンに入社しようとするも、工場の半分が壊れ断られる。本所のカフェーに女給としてつとめた後、東京市内を転々と女給や小料理屋の女中をする。従業員募集のビラで星製薬に入社（五反田で生活）。新しい雑誌や肉を買い、女給時代におぼえた西洋料理をつくったりして、「夫婦の一番人間らしい毎日だった」
1925 年		和喜蔵の希望で亀戸に戻り、また女給に。8 月和喜蔵没、その後生まれた子どもも亡くなる。2 つの骨壺をもって東京市内を転々と職をさがす
1926 年	4 月	「報知新聞」に「細井和喜蔵氏未亡人のご乱行」の記事出る
	10 月	「逃げるように」東京を出、大阪に、大阪は「宿屋と口入れ屋がずらり」と並ぶ。佐野紡績に入社（吉見ノ里）、「ほんとうに嬉しかった、生き返った気持ち」。しかし 1 週間後、首切り（細井の未亡人が理由、退職金 30 円と東京までの旅費 6 円 50 銭出させる）
	直後	小さな紡績工場（名忘れる、「町工場」という、森小路）に入社。「わりと自由に出入りができて、はじめから気安くのんびりムード」。しかし 1 月後、同上の理由で首切り
1926 年		髙井新太郎と再婚

（出所）髙井としを『私の「女工哀史」』岩波書店、2015 年より作成。

第２章　戦争と格差・貧困

はじめに

今日のテーマは、「戦争と格差・貧困」です。戦争の前提となった昭和恐慌にも触れます。日本の昭和恐慌の背景要因には世界の大恐慌がありました。世界大恐慌と日本の昭和恐慌の打撃の中、再び世界戦争がおこります。日本近現代史において格差・貧困の問題に重大な変化をもたらした時代としては、戦争と戦後改革の時期、高度経済成長の時期の３つがあげられます。今回は、戦争が格差・貧困問題に何をもたらしたかを歴史的に検証したい。主に対象とする時期は準戦時期の始まりとされる 1937 年７月の日中戦争の勃発から 45 年の敗戦までのほぼ８年間の「戦争の時代」です。

なぜ戦争の時代か。その理由は２つあります。１つは、格差・貧困の視点から戦争と日本ファシズムの社会経済構造を明らかにしたい。戦争の時代を「ファシズム」と規定する可否について政治史を中心に議論があります。日本ファシズムととらえるべきだと私は考えていますが、ここではそうした論争に触れるつもりはありません。昭和恐慌という時代がどういう時代だったか少し触れて皆さんに実感をもっていただきたいと思います。もう１つの理由は、戦前と戦後との関係を考えるためです。

１　物騒な時代と戦争の時代

（１）　呑気な時代

作家の安岡章太郎は 1920 年生まれであり、昭和恐慌の時代は小学校の高学年でした。安岡の『私の昭和史』には興味ある昭和恐慌の思い出が綴られています。軍縮条約や軍人・官吏の減俸の影響を受け「ゲンポー」や「グンシュク」といった言葉をよく聞かされ、「恐ろしく重苦しい気分がした」と書いた後、こう続けています。

「しかし、それ以外に不況が僕たちの家庭に直接影響をおよぼしたるものはなさそうだった。おそらく失業者以外、一般の俸給生活者にとって、この時代は比較的のんきなものだったのではなかろうか。物価は安定して、むしろ下り気味だったし、大正リベラリズムの匂いも、まだこの頃までに色濃く残っていたはずだからである」

官吏の減俸は浜口内閣の緊縮財政の一環でセンセーショナルな話題となりましたが、1931年に実施されました。戦前普通の生活が可能とされる、月収100円以上の中・高級の官吏が対象で、減俸率は平均1割です。第1次大戦後官吏の俸給は抑制されてきたとはいえ、農民の収入減に比べ生易しいものです。なお、かの岸信介はこの反対運動で商工省内のリーダーとして活躍し、商工省に岸ありと注目されるに至ります。岸がこれからは経済の時代だと考え、内務省や大蔵省を蹴って商工省（入省時は農商務省）に入ったことと合わせ、岸を単純に右翼の保守反動との見ることが短絡であることをものがたる逸話です――これは余談。安岡の父親は陸軍獣医大尉であり、景気の変動に左右されない側の人間でした。安岡は、小学校にあがる前からチョコレートやハム・ソーセージといったハイカラな食べ物を口にしていたといっています。減俸率に対し物価はもっと大きく下落しましたから、たしかにその思い出は昭和恐慌の実相と本質を的確にとらえています。

恐慌による価格の下落は一律ではありませんでした。米や野菜は4、5割下がったのに牛肉や鶏肉は約1割の安値にとどまりました。一方、ビールや日本酒などは「頑として安値を見せず」と新聞報道されたほどです。ゴルフ料金は恐慌前から3倍になりました。恐慌の時代はエロ・グロ・ナンセンス全盛期と重なっていますが、都会のカフェーで働く女給は1929年から34年にかけて5万人余りから11万人近くへと倍増しました。日本のカフェーは酒場であり、高いチップが必要でした。カフェー常連客の作家永井荷風は行きつけのカフェーで女給の人数が増え始め、女給がひどく下品になったことを自身の日記『断腸亭日乗』に記しています。財テクの指南書ブームが起ったり、女中を恐慌下に増やした高級官吏の家族も話題になりました。

この頃、安岡の一家に代表される小市民的な都市中産階級（安岡家はその中流上層か）が一定の厚みで形成されていました。恐慌下でも全ての人が悲惨な生活をしていたわけではありません。恐慌は物価が下がるから、失業の心配がなく一定以上の収入がある者、一部の豊かな者は生活がしやすくなったり、より豊かな生活をおくれます。

「呑気な時代」は一部の恵まれた豊かな階層に限ってのことです。こうした状況を含む、都市と農村の間、階層間の貧富の格差が拡大し、その中で農村と農民は社会的な底辺に押しやられ、悲惨な生活をおくらなければなりませんでした。昭和恐慌期の農村・農民の貧困問題はたんなる貧困問題一般ではありません。とくに都市との格差が拡大した中で顕在化した貧困問題という点に、この問題の、時代固有の性格がありました。

（2）「窮乏の農村」と暗殺

猪俣（1934）は、昭和恐慌下の1934年、農村踏査の旅に出た著者猪俣津南雄による各地農村のすぐれた見聞記です。その中に、これは何だろうと思わせる短い一文があります。「三重県の漁村の女房たちは、亭主との中に出来た［子供］を［間引］きした廉で、1小隊ほども法廷に立たされた」（［　］は伏字を起こした箇所）。

この報告の内容は、後に地元の人によって「私の生まれた小さな漁村のこと」として明らかにされました（川口1988）。「1930、31年ごろ、熊野灘沿岸の漁村の疲弊の深刻さは、言語に絶するものがあった。女房たちは、生まれ落ちた赤子を扼殺した。1931年1年間の出生時の半分が、それぞれの母の手によって殺された。子供は名もつけられず海に流された。波はそれを沖へは運ばず、もう一度渚へ押し返した」。筆者の公務員の男性は、1学年上の組が他の学年に比べ半数ぐらいしかいないことを不思議に思い、母親にたずねたところ、「次ぎ次ぎと警察に引っぱられて行ってな、そらすごい事件やった」と母親はいったという。筆者は7人兄弟の末子。この事件がなければ、筆者もいう通り殺害された子どもと同じ運命だったかもしれない。また、この事件が筆者の母親に貧乏を覚悟で生むことを決意させたかもしれない。海に捨てられた子どもが流れ着いた浜はその後、出生兵士を送る場、村に駐留する兵士の訓練の場、戦後は真珠養殖と遠洋漁業で生き返り村に富をもたらす日本有数の遠洋漁業の基地、赤潮の押し寄せる場所、そして「合成洗剤から粉石けんへ」という住民運動が展開する地域へと変貌したといいます。

恐慌下農村の窮乏に関して史実は事欠きません。欠食児童20万人、農村の娘の身売り等の記事が新聞・雑誌をにぎわせました。東北6県における過去1年間の出稼者数が新聞で報道されています。全体で5万8,173人、うち女中・子守1万9,244人（33%）、女工が1万7,260人（30%）、芸者・娼妓・酌婦・女給1万5,940人（27%）です（「東京日日新聞」1934年11月9日付）。もちろん、出稼ぎにいったのは10

代の少女たちです。こうした数字はだいたい大まかなもので、実数はもっと多かったと考えるべきです。

戦争の時代は、忘れてはならない前史として①昭和恐慌下の恐怖の時代と、その後の②民衆が戦争に巻き込まれていく、ファシズムの時代がありました。①を生んだものは政界や財界の有力者に対するテロの横行であり、その背景には農村の窮乏をはじめ言語に絶する格差拡大と貧困がありました。農村の窮乏に関しては上記『窮乏の農村』に詳しく報告されています。農村は恐慌により深刻な打撃を受けましたが、地方によって様相がかなり異なります。もっとも深刻だったのは長野県や群馬県など養蚕地帯の農村や東北の農村でした。これに対し、生産力が高く二毛作で、野菜や果樹も作り、賃労働の兼業機会も多かった近畿や東海の農村はそれほど深刻な打撃を受けておりません。たとえば、兵庫県の賀集村では恐慌下であるのに地主層が売却した土地を農民層がさかんに購入しています（庄司1991）。また、同村がある三原郡内では恐慌下でも税金を滞納する家など皆無であったといわれています（大内1943）。野菜や果樹の栽培がさかんで多角的、集約的な農業が行われるようになっており、また農外から現金収入を得る兼業機会が多かったからです。野菜や果樹は第１次大戦後発展します。収益性が高く、恐慌による価格の下落も相対的に小さい。そのほか、畜産は収益性が高く、養鶏等も農家の副業として有望視されました。

この地域差は恐慌下の農村の窮乏の性格や農民層の動向をとらえるうえで重要です。農村窮乏のメカニズムを見てみます。農家の人間が食べ物に事欠き、飢える。わずか15円の前借りで年端もいかない娘が身売りされる。恐慌下農村の窮乏の現われとしてよく引き合いに出される例ですが、東北の農村を中心に実際に数多く起こったことです。

まさに女工がそうであったように日本の農村では貧しい家の娘が売られるのはめずらしいことではなく、また第1章で述べた通り戦前の農家は米の飯を常食できるほど豊かでなかったですが、それにしても恐慌下の事態はひろがりと程度の深刻さにおいて異常というほかありません。昭和の時代になぜこんな信じ難いことが起こったのでしょうか。

第1に、恐慌によって農産物価格が急落しました。1928年から31年にかけて米や麦は約4割、米に次ぐ重要な農産物であった繭は5割以上下落し、野菜や果実の下落も作物によって2割から4割に及んでいます。大正末の価格に比べ、米は4割近く、繭は3分の1以下に落ち込んだことになります。官吏の1割減俸で大変な運動が起こったことを想い起こしてください。米価や繭価の下落は、農民の収入がいきなりほぼそれと同じぐらい減少したことを意味します。減俸反対運動に立ち上がった官吏らにはとうてい許容できることではないでしょう。埼玉県の農民が政府への農村救済請願の中で「キャベツ50個でやっと敷島（タバコ）1個」と訴えたのもまったく根拠のない話ではありません。しかも、工業製品と異なり、農産物は価格回復の足どりが遅く、恐慌前の水準に戻ったのは1935、36年でした。第2に、1931年の東北・北海道の冷害、凶作に次いで34年、東北大冷害、西日本干害、関西風水害のため大凶作となったことも農家にとって大きな打撃となりました。

第3に、農外の仕事の減少、女工に働きに出た娘の帰農などによって農家の農外収入も激減しました。第1章で取り上げた岡山県中南部の農民組合員300戸を対象にした兼業の調査によれば、1924年から34年にかけて兼業に従事する者は202戸が167戸と35戸も減少し、兼業の数は延べで262が190と72も減少しました。主な兼業では賃労働

43→7、麻裏製造38→8、馬車引15→11、日雇12→9、下駄表製造8→1と土方2→11を除きほとんどが減少しました。1934年には景気は持ち直し農村部の労働市場も最悪の状態から脱しますが、それでも1920年代半ばからの縮小はいちじるしいものでした。

長野県農会の「農家経済調査」でも恐慌による兼業の縮小が注目されています。恐慌の影響がもっとも激しかった1931年の状況は、こうです。「小作農階級に於ける現金収入減額補填の主なるものは勤労収入にして経済調査農家の中1小作農家の実情を見るに努めて日雇労働に従事せむとしたるも、労働日数の少なき事賃金の低き事等の為、1カ年の勤労収入は僅かに31円64銭にして昭和4年当時の3分の1に過ぎざれば収入の減額を補ふは到底不可能事なり」（長野県内務部農商課『長野県の不況の実情』1932年）。

以上の3つが農家を直撃しました。それに加え、農家は多額の負債を抱えていました。 農林省の発表では農家の負債総額は45億円から60億円、農家1戸当たり平均900円内外と推定されています。借入先は銀行や産業組合だけではありません。まだ個人からの負債や仲間で融通しあう頼母子講の比重が高く、両者を合わせると金額で半分ぐらいは占めると推定されています。個人からの負債では、村内の地主からの負債がかなりあります。経済が沈滞してくると地主も小作料の滞納分を借金に置き換え利子を課すようになります。これにはこうした負債も含まれます。また、共同体的な関係の強さを反映して、親戚や知人からの無利子の負債というのもかなりありました。負債農家の相手は1つではなく、複数の借入先から借金をしていたのです。

ところで、負債というのは、金額の多寡が問題ではありません。農民に多くの負債があっても、金が儲かり、順調に返済ができ、必要に応じて新たに借金ができるようであれば問題はありません。昭和恐慌はこの農村金融の動きを止めたのです。貸付の手控えで金が借りられなくなる、5円の借金でも証書を入れる、利息は高くなる、そして容赦のない取立てが行われる。こうなると、「金の入る先へ先へと取立てを食」い、「自分たちの今年の生活はすっかりもう前年中に前貸してしまっている勘定」になります（猪俣 1934）。こうして農家から現金がなくなります。この頃、農家は「借金まみれ」とよくいわれました。少々のことではどうにもならない状態の意味ですが、原因はたんに大多数の農家が多くの負債を抱えていたためだけではありません。恐慌による農村の金融ショートが農家の生活に対する負債の意味を変えてしまいます。負債は農家の重圧となり、農家負債の問題はにわかに重要な農村問題としてクローズアップされることになります。

手元に農村青年の手になる「此の窒息から免れたい」という文章があります。『中央公論』（1930 年 10 月号）の「農村生活者の手記」に収められたものであり、当時の農村青年の意識をよく表わしています。筆者の加茂健は両親と弟の 4 人家族。農業経営の内容はつまびらかでなく、経営収支の計算も疑念が残りますが、養蚕地域で主業といえるほど養蚕を積極的に営む自小作農で、村の人間も「生活を羨ましがる」ような農家でした。やや長文ですが加茂は家族の生活と思いを次のように記しています。

「如何に惨めだとは言え、都会労働者風景はまだましだろう。俺達を見よ、人は我等を農村の青年だと言ふ。数年前までは、我等は貧しいながら、盆と正月に、新しい着物と下駄で、遠い町まで踊りと歌留多に出かけたものだ。だが俺達はいま着物がない。下駄もない、親父の古物なんだ、風呂は月に2回しか入らぬ、石鹸だってさえ使ふ事を許されない家計ではないか、俺達の生活の中に、只寝る時間以外に幸福と言ふ一瞬の時間もない。／（中略）働いて米を作る、米を作って地主に貢ぐ、そして、その残りを黒くにごして食ふ、そして又働く、毎年同じ動作を繰り返しているのだけれども、俺達は今や麦飯が芋に変って来た。家は段々腐ってくる、過労の為に父は萎びて居る、駄目だ、幾等働いても苦しくなる許りだ。／都会の諸君達よ…俺達農民は全日本８千万の民を養っている、だのに俺達は飢えているのだ、飢じい、…米の飯が食へないのだ。麦５合に米５合の黒い飯、１週間に３日は必ずオミイ（米と麦と野菜を混ぜてドロドロに煮る分量が殖える）を食ふ。瓜、柿、芋、などは俺達の第２次兵糧なんだ。／こんな不合理な事があるものか。こんな矛盾した世の中を誰が造り出したんだ」

恐慌による筆者の悲惨な生活と憤りがリアルに描かれています。睡眠時間も削り激しい労働に耐えているのに報われない空しさ、衣食住におよぶ窮迫、寝る時間以外に幸福感が感じられないような生活、これらすべてが著者を苛立たせました。彼は社会の不条理に目を向けています。彼の目には比較の対象として都市の労働者の生活が映っています。彼には、農民は食料の生産者として立派に社会的な役割を果たしているのだから、社会からそれにふさわしい処遇を得て当然だという意識があります。だが、社会は応えてくれない。彼は最後、激烈に書き連ねます。「税金の滞納か？　当然ではないか。教員の減俸か？　当然過ぎるほど当然ではないか」、「農村救済、これはブルジョア政府の絶対不可能事だ。見よ。救済は俺達自身で行ふ」。社会への反発、政府への不信感は激しく深い。加茂はかなり自覚的な農民であり、彼の意識を一般化することはできません。しかし、その意識のありようは恐慌に打ちのめされた農民の思いを先鋭的に現わしています。

昭和恐慌の時代は、1929 ～ 34 年です。企業の景気は世界でもめずらしいほど早くよくなったのですが、地方の農村の景気が回復したのは 35 年になってからでした。この時代は「暗殺の時代」というか、たいへん物騒な時代でした。1929 年～ 34 年の間に 5 人の首相が出ました。そのうち浜口雄幸、犬養毅、斎藤実の 3 人が暗殺されています。浜口の後首相になった若槻礼次郎（第 2 次若槻内閣）も、農村青年らの右翼団体、血盟団の中で暗殺計画がありました。2・26 事件の時の首相であった岡田啓介は 34 年 7 月、斎藤実が暗殺された後首相になっています。反乱部隊の暗殺対象になっていましたが、義弟が身代わりになり奇跡的に難を逃れました。このように見ると、この時代に首相になった 5 人全員が暗殺されていたかもしれません。

政治家の暗殺は他にもあります。城山三郎の『男子の本懐』で浜口とともにモデルとなった浜口内閣の大蔵大臣井上準之助も、浜口に続き殺されます。「最後の元老」西園寺公望も少年血盟団が暗殺を計画していました。こうした中、政党政治が崩壊します。財界のトップリーダーも標的になりました。三井財閥の総帥、団琢磨の暗殺が井上暗殺直後の 32 年 3 月。その後、池田成彬が恐れて三井財閥の方針転換を図ることになります。鐘紡の社長武藤山治も暗殺されます。暗殺したのはやはり血盟団や軍人です。戦前の右翼はテロリスト集団で、戦後の右翼とは活動の形態が違います。政界、財界トップがバタバタと暗殺されるその集約点として、1936 年の 2・26 事件が起こりました。

昭和恐慌は戦争やファシズムに直接つながったわけではありません。しかし、国民の不満・危機感を強めて、物騒な社会を生みだし、結果的に、10 年程の間に社会を急激に右傾化させ、国民を戦争に駆り立てていったことは確かです。太平洋戦争の勃発をほとんどの日本人は興奮して受け入れました。かつて恐慌下の民衆は深刻な格差・貧困問題に怒り、平等な社会への強い要求をもっていました。戦争の時代はそれにどのように応えたのでしょうか。

（３）　戦争と平等

私は戦時経済の専門家ではありません。農地改革やその前提としての戦時農地政策の研究との関係で勉強しただけですが、ずっと気になっていた問題があります。それは「戦争と平等」という問題です。これは農地改革や戦時農地政策を研究してきたこととも関係があります。また、日本のファシズムを解き明かすうえでも欠かせない問題です。しかし、専門の研究書を読んでもほとんど実態が明らかにされておりません。それで今回、格差・貧困の視点から戦争と平等の問題に重点をおいて話をすることにしました。

専門の研究では具体的な分析はあまり見られませんが、安岡（1984）には簡単ですが示唆に富む指摘があります。安岡は職業軍人の息子で、慶應義塾大学予科の学生のとき応召して戦地におもむきます。当時、学生は徴兵猶予の特権がありました。自分のそうした学生身分について、「僕は自分でも“学生”という中途半端な身分にあきあきしており、兵隊でも何でも構わない、もっと現実と直面した生活を送りたいと思うようになっていた。とはいえ、一体、“現実”とは何か？」として、学生の徴兵延期の特権をあげて、これは「世間の人に甚だ目障りなものになったに相違ない。しかも、その頃から学生を特権階級とする社会基盤そのものが急速に崩れはじめていた」と書いています。より重要なのはここからです。

「脱線になるが、明治の近代化がじつは徳川時代に準備されたものであるとするならば、戦後の“民主主義”社会も実は戦時中に用意されたものだと言えるだろう。勿論、僕は戦時中の統制経済が民主的に運営されていたなどと言うつもりはないが、物資の配給制度が僕らに平等主義をもたらしたことは否定できないのである。（中略）建前としての平等主義は法的に支持されており、物資の分配に関する限り、身分や階層の上下による差別は解消せざるを得なかった。しかも、一方では、闇物資を動かせる連中や、都市近郊の農村から、新しい“特権”階級が生まれてきた」

私にいわせれば、戦時期には、体制が変われば戦後改革と戦後民主主義につながり、格差是正や平等、民主主義を生み出す要素が新たに各所において装填されました。日本の戦時期は戦争とともにそれに重なるこうした歴史過程を含んだ時代でした。もちろん、装填されたのは細かな配給だけではありません。平等や今回のテーマの格差・貧困、そして個人の意識を含む社会経済のあり方全体からとらえられるべき事柄です。安岡が永井荷風とともに「階級からの脱落者を自己演出して見せた」と規定する太宰治について、「東北屈指の大地主の家に生れた太宰は、いってみれば戦争のおかげで、ひとりでに階級からの脱落者になることが出来たわけで、それは平和な時代に、格式とか、家柄とか、さまざまな因襲にとらわれた環境では、いくら努力しても自力ではどうにもならなかった桎梏から、初めて解き放たれることになったのだ。つまり太宰は、戦争中から戦後の開放感を、その個性的な資質によって、先取りしていたということになる」との指摘は、文学的評論であることを差し引いたうえで、昨年のスコーレでも取り上げましたが大地主の家に生まれた負い目に苦しんだ太宰の人物像と日本社会の核心を射抜いているといえます。

格差・貧困の視点でみると、戦時期の日本社会はどのように映るのでしょうか。

２　戦時下のサラリーマンと職工

（１）　サラリーマンの家計

第１章ではサラリーマンの給料やボーナス、退職金等をみましたが、ここでは家計簿をつかってその家計収支を検討します（以下は全て月平均）。中村編（1993）は、編者が指導するお茶の水女子大学の大学院生が家計簿から近現代日本の諸階層の生活史を明らかにしたものです。その中にサラリーマンも何人か取り上げられています。会社名や学歴、地位などの属性も分かればさらにおもしろいですが、資料の性格を考えると無理な注文かもしれません。

サラリーマンとして３例を取り上げて検討しますが、本人については生年と「エリート・サラリーマン」（図表２‐１、以下「A」という）、「繊維大企業のサラリーマン」（図表２‐２、以下「B」という）、「サラリーマン」（図表２‐３、以下「C」という）くらいの情報しか与えられていません。３例について1939年の月収（うち賞与・臨時収入）と年齢に注目してください。ここからいろんなことが読み取れます。１つは、エリート（A）と普通のサラリーマン（B、C）の差です。

Aは20代半ばと最も若いのに、B、Cに比べ1.9倍、1.6倍の収入がありました（一部会社外からの収入もあった）。逆にCは40歳と大学出のA、Bに比べかなり年長であるのに、８歳下のBと収入は大し

図表２－１　エリート・サラリーマンの家計収支

（単位：円）

	収入	支出	収支
1939	268	185	83
40	428	243	185
41	373	245	128
42	385	270	115
43	525	272	253
44	705	322	383

（出所）中村隆英編『家計簿からみた近代日本生活史』東京大学出版会、1993 年より作成。

注）１．夫は 1913 年生まれ、某大企業勤務のエリートサラリーマン。1938 年神戸で結婚し、借家住まい。

２．子どもは全員大学に進むが、長男次男は小学校から高校まで私立、大学で国立、長女は小学校から中学校まで私立、高校公立、大学国立とすべての子どもが小中学校段階は比較的教育費負担の大きい史学で教育を受ける。子どもの大学在学中は教育費や生活費の仕送りを、また結婚の際は結婚資金も親が全額負担している。

図表２－２　繊維大企業サラリーマンの家計収支

（単位：円）

	収入	うち夫の収入	支出	収支
1937	145	88	116	29
38	217	127	210	7
39	244	141	196	48
40	221	207	251	▾20
41	302	302	202	100

（出所）図表２－１に同じ。▾はマイナス。

注）1937 ～ 40 年は妻（教員）の収入を含む。

図表２-３　サラリーマンの家計収支

（単位：円）

	収入	支出	収支
1932	150	90	60
33	140	106	34
34	137	106	31
35	169	106	63
36	12	92	▾80
37	60	101	▾41
38	34	179	▾145
39	167	109	58
40	252	131	121
41	279	222	57
42	292	233	59
43	322	292	30
44	411	338	73
45	466	538	▾72

（出所）図表２-１に同じ。▾はマイナス。
注）１.「明治末期世代サラリーマンの戦前・戦時・戦後家計」とされている。
２. 1930年結婚、32年から記帳。
３. 1936～38年は夫「シャム行き」のため収入の記帳がない。

て変わりません。Ａ、Ｂの学歴は大卒、これに対しＣは大卒や高専卒でなかった可能性が高い。

ＢがＡに比べ収入が少なかったのは、会社が繊維関係であったことにもよると考えられます（東京在住であることから紡績会社と推察する）。Ｂは大卒の学歴等から十分にエリートでしたが、Ａとの対比で相対的に「普通のサラリーマン」としました。

Ａは、定年退職後会社の役員をつとめたとされています。年齢から考えて当然戦後でしょう。長男、次男は小学校から高校まで私立、大学は国立、長女は小学校から中学校まで私立、高校公立、大学国立。

子どもの大学在学中は教育費と生活費の仕送り、結婚のときも結婚資金は親が全額負担しています。このように見ると、絵に画いたような戦前のエリート・サラリーマンです。大卒のエリートゆえ昇進は速く、それに伴い収入は急激に増加します。1943年が525円、44年が705円です。わずか5、6年の間に2倍、2.6倍に増えたことになります。一方、支出は、年齢的に収入ほどは増えず、結果的に、家計の黒字が急膨張しました。それと同時に注目されるのは、増えたのは主に賞与・臨時収入だったことです。これは、何か役職に就いたことに伴う措置であったと見られます。

3人の収入をみてもう1つ読み取れるのは、戦時期においても、サラリーマンは収入が非常に多く、社会の中できわめて恵まれていたことです。

Aについてはお話ししました。43、44年の月収から算出すると、年収は43年6,300円、44年8,460円です。

普通のサラリーマンの可能性が高いCも、1940年以降急に収入が増え始め、44年411円、45年466円に増えています。これは主に賞与等の増加によるものですので、Bも何か役職に就いた可能性が高い。いずれにせよ、この2年の年収は4,900～5,600円になります。

Bについてはデータが41年までしかありませんが、Bも大卒で41年の収入がCを上まわっていることから、42年以降もC並みかそれ以上の可能性が高い。何か役職に就いて収入が増えるのは、Cの41年の場合をみても同じです。

このように見ると、相変らずサラリーマンは高収入でした。他の階層と比較すると、「生涯豊かな生活を送った」とされる医者（勤務医）の場合も同じ時代、月収は300円台であり、400円を超えたのは1945

図表２-４　ある医者の家計収支

（単位：円）

	収入	うち勤め先収入	支出	収支
1937	177	139	121	56
38	216	152	94	122
39	299	187	217	82
40	329	193	264	65
41	345	211	332	13
42	286	229	383	▾154
43	295	267	697	▾402
44	325	280	302	23
45	426	363	409	17

（出所）図表２-１に同じ。▾はマイナス。
注）１.「生涯豊かな生活を送った医師の家計」とされている。
　　２.「勤め先収入」以外は主に受贈品で、医師であることから謝礼が多い。

図表２-５　ある中等学校教員（校長）の家計収支

（単位：円）

	収入	支出	収支
1915	79	59	20
20	184	137	47
25	276	221	55
26	287	223	64
27	310	265	45
28	313	280	33
29	323	315	8
30	312	228	84
31	259	238	21
32	283	509	▾226
33	308	205	103

（出所）図表２-１に同じ。▾はマイナス。
注）１.「明治世代教員家計の長期的変容」とされている、
　　２. 夫は1875年、岐阜県生まれ、90年岐阜県の尋常師範学校を卒業し同県の尋常小学校に勤めたが、同年９月に休職、東京高等師範学校に入学、36年卒業と同時に結婚し、長野県の高等女学校教諭として赴任した。その後大阪府、福島県の中学校、山口県、静岡県の師範学校、静岡県の中学校長を務めて、35年退職した。
　　３. 支出は「教育教養」が多いことが特徴であり、32年も316円に及び、赤字の原因となった。

年だけです（図表２－４）。また時代はさかのぼりますが、高等女学校や師範学校の校長をつとめた教員の場合、1930年ころの月収は300円余りであり（図表２－５）、また、師範学校を出た小学校教員の場合、定期昇給もあまりなく、昭和10年代前半の月収は66～76円でした（表示は省略）。ところが、サラリーマンになってそこそこの役職に就けば、医者や中等学校の年配の校長よりも多く、小学校の平教員など比較にならない収入を得ることができたのです。

（２）　職工をめぐる戦時下の状況

戦時期には次々と労働法令がだされます。日中戦争が始まる直前ですが1937年１月「退職積立及退職手当法」、同３月「従業員雇入制限令」「賃金統制令」「工場就業時間制限令」、そして日中戦争後の同10月「賃金臨時措置令」、「価格等統制令」、「地代家賃統制令」（物価・賃金等を９月18日現在水準に釘づけ）、39年４月「従業員雇入制限法」、40年11月「従業員移動防止令」、41年12月「労務調整令」と続きます。

名称から法令の目的が類推されます。政府はインフレの抑制と軍需生産の増強を目的に賃金の統制、労働移動の規制を始めます。政府の規制により雇用と賃金の適正化が行われ、退職金・退職手当、家族手当、定額・定期的な昇給、年齢的要素を加味した日給、福利厚生制度が大企業に浸透していきます。そして戦後への遺産として、年齢と勤続年数に応じた年功賃金の考え方も示されます。

1942年２月に発布された「重要事業場労務管理令」において、労資関係に関する新たな理念が確立します。これは戦時中の労資関係に関する「最重要の法令」であったとされています（ゴードン2012）。基

郵便はがき

料金受取人払郵便

神田局
承認

1105

差出有効期間
2022年9月
14日まで

101-8791

504

千代田区神田猿楽町2-7-6-201

クロスカルチャー出版
愛読者カード係 行

愛読者カード

●お買い上げの書名をご記入下さい。

●お名前

●ご職業

●年齢

男

女

●ご住所

〒

TEL

●お買い上げ書店名

区・市・町　書店

●本書をお買い上げになったきっかけ

1. 新聞（書評/広告）　新聞名（　　　　　）
2. 雑誌（書評/広告）　雑誌名（　　　　　）
3. 店頭で見て
4. 小社の刊行案内
5. その他（　　　　　）

●本書について、また今後の出版についてのご意見・ご要望をお書き下さい。

幹産業と指定された産業における労働者と経営者の最重要の義務は、国家に対する奉公であることが宣言されました。労働者は国に対し法的義務を負うものとされ、「労働」の公共性が明確にされました。その結果として、労資関係はもはや私的な契約ではなくなりました。会社の諸規則には法律と同じ強制力が与えられました。国には基幹産業の経営に介入する権限が与えられ、賃金を「適正化」する義務を負っているとの原則が確立します。政府の規制は賃金だけでなく、採用、解雇、労働時間、福利厚生、安全、紛争等全般に権限は及ぶものとされました。賃金統制に際し、官僚から勤労者の生活の恒常性確保を目的とした年功賃金の考え方も提起されました。

雇用主は賃金規則と昇給に関する規則を定め、文書化することが必要となりました。また、それを厚生省に提出して認可を受けることが必要となりました。日本の行政の特徴である認可行政の始まりです。提出された企業の規則に対し行政が不認可、変更の対応を行ったかはともかく、行政が必要と認めれば企業に変更を求められることが明確にされたのです。

ゴードンは「この勅令の潜在的影響はかなり大きかった」と評価しています。「政府は相当程度に厳しく、しかもほぼ普遍的な年功賃金制を作り出しうる立場に立った」。戦前の日本は、大卒の一流企業のサラリーマンは特権階級であり、終身雇用・年功序列の雇用が適用されていました。しかし、一般の肉体労働者（職工）はそうではありませんでした。一般労働者が終身雇用・年功序列になるのは第２次大戦後です。それも大企業の労働者に限られますが、そうした中、かかる法令ができた意義は重要です。

ここで産業報国会（以下、「産報」という）の運動にも触れておく必要があります。政府は戦争動員のため労働組合の解散を強制し、それに代えて工場・事業所ごとに産報を組織します。それは後で触れるように小さな町工場にも存在しました。産報の運動では事業主も従業員も「皇国民」として平等であり、同じ「産業人」として同格的存在であるとされました。職工は「工員」と呼ばれ、会社内ではこれまでサラリーマンと呼んできた「職員と工員」という関係になります。つまり、同じ会社内での就業員間の不平等、差別の関係も言葉で曖昧化したかたちです。同様に、先ほどの「勤労観」も変えられます（皇国勤労観)。「勤労」は「皇国」に対する「全人格の発露」であり、「勤労者」は「人格的主体」として認められます。なお、こうした勤労観は単に皇国の思想とみるのは適切でなく、たとえばドイツにおいて労働が「労働者の人格の発露」と規定されているようにむしろ現代の普遍的な思想ととらえるべきものです。こうした勤労観は生活給思想の基盤となりました。産報運動は多分に理念倒れでした。しかし、職員・工員の平等化や産報の組織化、賃金の考え方が戦後の労働組合や雇用システムにつながることは多くの研究者が指摘しているところです。

こうした戦時下の状況を受けて、地域や職場は大きく変化しました。その一端は、「職工はぜいたくをしているか」との見出しのもと、「職工の収入があまり多すぎる結果、その生活がぜいたくに流れているという。“熟練工の収入は月 2,300 円を超える者がザラだ”“若い独身職工などは日夜遊興に耽り、女工はパーマネントをかけてシネマ通いだ”など」と新聞で報じられました。ただし、これには、「私の知っている限りでは、熟練工の平均収入は月 120、30 円で、200 円位取る職工は 100 人に 2 人位だ」との反論もありました（岩崎 1982。反論の投書は「東京朝日新聞」1939 年 3 月 29 日付)。実際のところ、どう変化したのかをすぐ後で見たいと思います。

ところで、賃金はどうあるべきか、との賃金の思想が登場してくるのも戦時期でした。当時の官僚らが戦時の被抑圧のもと賃金をはじめ労資関係の改変に必死になるなか、安藤成吉は賃金の思想を構築するため格闘しました。戦時と戦後、そして賃金の先駆けの思想と賃金の歴史の関係を考えるうえで安藤も重要な存在です。

安藤は、『貧民心理の研究』（1915 年）等の著作がある賀川豊彦の門下で、大著『最低賃金の基礎的研究』（1941 年）を物しました。この本で安藤がやったことは、全物量積み上げ方式の生計費調査です。生活物資や生活設備の最低必要費を、物量１つひとつ積み上げて計算し、それを金額で表示しました。気の遠くなるような作業です。その結果、大河内一男いわく、「昭和 16 年当時の物価で、５人世帯の労働者が、病気もせず、労働能力を維持しつつぎりぎりの生活を営もうとすると、月に 143 円 90 銭いる――このロジックは平時も戦時も変わらない、というのが、安藤さんの著書のいわばみそでした」（大河内 1970）。安藤の考えは官僚の中に少なからず理解者がいました。しかし、食の問題など厭戦思想、といわれる時代には政策や運動には結びつきません。それは戦後に年功序列賃金、生活給が実現して実を結びました。安藤の思想は戦後労働組合運動の立脚点、つまり「理論生計費」を基礎づけ、その運動の精神を形づくったのです。

もう１点、大河内に安藤の著書のみそとされた部分、つまり月収 144 円が戦時下の「ぎりぎりの生活」の生計費と結論づけられた点、具体的なこの金額も例の月収 100 円論との関連でご記憶ください。

３　大田区の町工場と工員

（1）　躍進する町工場

東京の大田区は、東大阪と並ぶ町工場のまちです。『工場《こうば》まちの探検ガイド』（1994年）によってまちの概要をみると（図表２‐６）、企業は機械金属加工主体であり、一般機械・金属・電機・プラスチック・輸送・精密・鉄鋼・非鉄金属が6,676社で全体の84%を占めています。また、中小企業のまちであり、従業員１～３人が45%、４～９人35%、10～19人10%、20～29人が５%です。その他30～299人が309工場、300人以上はわずか17工場です（図表２‐７）。

このまちはもともと東京湾に面した、のり漁業を主業とする漁村でした。町工場がまちになるのはそれほど古いことではありません。工場の本格的な増加は第１次大戦後です。とくに関東大震災とそれを契機に行われた耕地整理が結果的に町工場の急増をもたらしました。1930年代以降の躍進の軌跡を示すと次のようになります（1932→38年）。工場数の増加は1,112→2,872（2.6倍）です。また、従業員５人以上工場数は316→1,687（5.3倍）に増加しました。従業員数の増加は15,447→103,658人（6.7倍）です。また、生産額は47.1→406.0百万円（9.1倍）に増加しました。

軍需工場とその関連工場は戦争による軍需景気で好況にわきます。各増加率は、生産額＞全体の従業員数＞５人以上工場数＞全体の工場数の順です。1930年代以降、全体的な生産の増強、工場の上向運動と急激な雇用増加を示しています。太平洋戦争下の正確なデータは得られませんが、戦争を背景にその勢いがさらに増したことは間違いありません。それを間接的に示すものとして世帯の流入数を示しておきま

図表2-6　大田区の人口・工場数等

	人口	工場数		従業員数	生産額（千円）
		全体	5人以上		
1921			56		
32	274,784	1,122	316	15,547	47,162
33	299,858	1,320	407	21,688	70,486
34	323,334	1,493	557	28,992	92,210
35	348,916	1,673	664	35,372	120,396
36	380,708	2,034	995	46,481	161,224
37	417,580	2,316	1,288	65,922	270,651
38	422,343	2,872	1,687	103,658	406,043

（出所）『工場町の探検ガイド』大田区立郷土博物館、1994年より作成。空欄は不詳。

図表2-7　従業員規模別工場数（1990年）

	工場数	割合（%）
1～3	3,589	45.0
4～9	2,760	35.1
10～19	813	10.3
20～29	387	4.9
30～299	309	4.4
300～	17	0.2
合計	7,860	100.0

（出所）図2-6に同じ。
注）1．業種別では一般機械器具31.7%、金属製品22.2%、電気機械器具13.9%。
2．区内の工業従業者数は1963年18万3,012人が最高、工場数も1973年の8,803社を最高に、以後減少。また、1959年には371社あった300人以上の工場も大半が姿を消す。

す（カッコ内は流出数）。1934年4,519（3,467戸）、35年4,494（3,828戸）、37年8,470（5,043戸）、39年8,130（4,954戸）、41年9,736（4,880戸）、42年9,698（4,408戸）（新倉善之1992）。

工場の活況は、「職工黄金時代」を現出させます。1938年4月12日付の朝日新聞は「共稼ぎ400円、羨ましき黄金世界」との見出しで、まちの職工賃金の大幅なアップを驚き半分で報じています。

「ここに物価昂騰も何のその稀有の軍需景気を謳歌する工場街がある――帝都の一角にある某工廠では、事変前まで若干の従業員を使用して、極めて平凡な経営をつづけてゐたものだが（中略）そして右職工連の中最も優れた熟練工は月収270円、普通熟練工と云はれるものでも月収150円から180円位まで、また女工の収入も月75円が普通で多いのは矢張り120、30円もとる。ごく駆出しの新米でも日収1円20銭位にはなるといふ。中には夫婦共働ぎの熟練工もゐるが、彼等夫婦者の収入は月々340、50円から400円近くにもなるといふから丸之内街のサラリーマン等遠く及ばない、一般的な苦痛となっている物価高騰も此処では何の脅威でもなく職工黄金時代を現出している」

普通の熟練工の月収150～80円は、「普通の生活」の月収100円はもとより、安藤の基礎生計費144円を上まわっています。それだけでなく、先に触れたサラリーマン3人と比較して、エリート・サラリーマンや大企業のサラリーマンの月収には及びませんが、大卒ではないと見られる普通のサラリーマン（39年167円）とほぼ同じです。女工の120～30円も、1920年代後半の紡績女工の日給が2円弱であったことからすると工業の種類が違いますが大変な上昇です。独身でも優に「普通の生活」が可能です。トップクラスの職工と女工の「共働き」

350 ～ 400 円となると、帝大教授年収 3,000 円余りをもかなり引き離しています。そして、こうした賃金も日中戦争が始まってまだ１年経たない時期のものであることに留意する必要があります。戦時下、賃金は年とともに急激に上昇していったはずです。

職工の賃金上昇は思わぬ事態を招きます。1939 年 11 月末の大田区会において、次のような質問が区会議員から出されました。

「(物価の昂騰を指摘したうえで）然るに此の区政の進展の為に奮闘して居る区役所の吏員の待遇問題は（中略）なか〳〵実現出来ないのであります。相当中等学校の教育を受け、或は専門学校程度の教育を受けて７年８年区役所に働いて、年齢も 30 を過ぎて僅に 55 円とか 50 円しか貰へないと云ふことを聞いて居るが、最近私の直接聞いた所に依ると区役所に居ては妻を貰ふ事が出来ないから何処か工場か何かに転職致したいと云ふ事であった。（中略）突然今日から先生は皆さんと御別れだと言って、芝浦の製作所に転じて行った人があると云ふことを聞いて居ります」

区役所の塵芥処分人夫の給料は、月 45 円。これに対し尋常小学校を卒業したばかりの近辺軍需工場の 14、15 歳の「小僧」が 60 ～ 80 円の給料をとっていました。こうしたことで「一体人の嫌う所の仕事」が立派にやれるのかと区の保健課長に質しているのです。これと質問の趣旨は同じです。軍需工場の従業員の給料が急激にアップするなか、小学校教員や区役所吏員の低賃金の問題が顕在化しました。中等学校や専門学校程度の教育を受け、７、８年区役所で働いて、年齢も 30 を過ぎて給料 50 ～ 55 円。これだけ給料差があっては、物価上昇のなか区役所の吏員が結婚もできないと不満を述べたり、教員が工場への転職を希望したりするのは当然です。

戦争はそれまでの賃金の階層性を壊し、職工と有学歴の区吏員、小学校教員の賃金を逆転するまでになったのです。逆転された方には不平不満が生まれます。こうして戦争は職工の賃金をアップし貧富の格差の縮小、逆転を進める一方、新たに社会の矛盾・亀裂を深めました。

（2） ある職人作家の経験

戦後の労働者や農民の性格を端的に示すものとして、「ものいう労働者」や「ものいう農民」の登場を私は挙げることにしています（庄司 2014）。「ものいう」とは、本を書いたりして積極的に社会的発言をしていくことを指していっています。労働者や農民に関する社会批評的な本から小説や詩集を書く人もいます。ものいう農民としては、次章でお話しする佐賀県の山下惣一氏やかの「山びこ学校」で有名な山形県の佐藤藤三郎氏などが代表的です。ものいう労働者としては、小関智弘氏が代表的です（以下、敬称は省略）。ものいう農民に対してものいう労働者は人数が少ないような感じがしますが、私が知らないだけかもしれません。なぜか年代は 1933 ～ 36 年ごろに生まれた人に集中しています。彼らにはそれぞれ多くの著作があり、戦後の工場労働や農業・農村のありようを知りたくて愛読してきました。

小関は 1933 年大森区（現大田区）生まれ、地元の高校を卒業後、町工場のまちでずっと旋盤工をしながら作家活動をしてきました。父親は魚屋を営み、母方の祖父は新潟の農家出身の人力車夫でした。父親に「これからは工場の時代」といわれ、地元の工業高校（前身は大森機械工業徒弟学校、ただし普通科）に進学します。ちなみに、「秀才」の兄は旧制の高校から大学に進学しました。直木賞候補に２回、芥川賞候補に２回なっておりますので作家活動も本格的でした。そうした小関が地元の町工場のまちと仲間でもある職人の世界を克明に描いた本を数多く書いてきました。それは歴史の資料としても貴重なものです。

多くの職人ものの本の中で、歴史の資料ということでは小関（1981）がもっとも価値があると思います。まず、本書の書名が「職工」でなく「職人」という言葉が使われていることに注意してください。ここには小関のこだわりがあります。小関が町工場で働くようになったのは戦後ですが、先輩の「職人」から戦争中の話を聞いています。先輩たちは職工という言葉を嫌い、使わなかったといいます。職工ではなく、職人と呼び合いました。職工に含まれる蔑称的意味を嫌ったことがその理由です。小関もその精神と誇りを引き継いでいます。

さて、町工場の職人になった小関は以下のとおり先輩たちからよく戦争中は「いい時代だった」と聞かされます。

「例えば東京計器の組長は、貸家を持ち、女中を使い、春はセルの着物、夏は白地の絽の羽織、冬は毛皮つきの二重まわしを着流して、雪駄ばきのいなせな姿で通勤していた、という」

「(町工場の先輩たちから「いい時代」と聞かされるのは）工場労働者のなかでも熟練工だった彼らが、大工や床屋や菓子屋のような職種の熟練職人がまるで役立たずのように扱われた時代に、彼らが宝物のように優遇されたということへの一種の郷愁のようなものだった」

「軍需工場の労働者にだけ支給された「神風」という文字の入った手拭を額に巻くと、彼らは自分の人格まで格上げされたように錯覚して、夢中で働いた。働かされたのであった」

町の中でみる工場や労働者の景色も変わりました。労働者が急に肩で風を切って町中を歩くようになりました。「職人が真っ昼間に芸者を工場のなかに連れ込んで、ドンチャン騒ぎをしていた」というエピソードも小関は聞いています。そのときは、小関は産業報国の時代を暗くイメージしていたので「びっくりさせられた」といいます。職人と、えらそうにしている職人に怒ったチンピラが喧嘩しそうになったときも、割って入った巡査が職人に遠慮をして、「この手にもしも怪我をさせたら、お国のためにたいへんな損失だ。こんなところで喧嘩なんかしないで、早く工場に帰って仕事をしてくれ」といって放免し、チンピラだけを連行したという話も書き留めています。

町工場のまちは花柳界の賑わいを呈し、100 軒ほどの料理屋があり、200 〜 300 人の芸者がいました。やがて「臨時私娼黙認地域」として認可され、かの「産業戦士慰安婦」も登場します。なお娼婦の人数は分かりません。勤労挺身隊の娼妓・芸妓や娼婦に関して、先輩の職人が「あのころは女に不自由したことはなかったもんだ」、「俺たちに睨まれるのをこわがって、やさしい言葉をかければ、すぐについて来たもんだ」などと誇らしげに語っていたことも書き留めています。

4　戦争と農民

（1）　上向く農家経済

農民はどうだったでしょうか。日本最大の社会問題だった農民の貧困問題は変化したのかどうか、変化したとすればどのように変化したのか。

まず、農家の家計収支について２戸の農家を検討します。赤木家は現在の岡山県新見市の自作上層農家で、田 1.2 町歩、畑 1.2 反歩を耕作するほか、10町歩の山林を所有しています。かなり林業収入もあることから零細な山林地主ともいえます（図表２-８、２-９）。

1930～32年３か年の移動平均と1943～45年の平均をとって変化をみると、収入は1,131円から4,154円に増加しています。3.7倍の増加です。そのうち米麦収入は293円から1,095円へと増加、同じく3.7倍の増加です。収入4,000円余りというのは、3,000円余りの帝大教授の給料をうわまわり、地方の農村でいえば1920年代後半ですが土地所有７～８町歩の地主と同じか若干うわまわっていますので、相当の収入になります。

一方、支出はどうでしょうか。956円から2,695円へと2.8倍増加しています。そのうち生活費は564円から758円へと1.3倍の増加にとどまります。その結果として、収支はプラス175円が1,499円へと8.6倍に増加しました。

このように収入が大幅に増加するなか、家計にもかなり余裕ができ、生活費も、かつて米麦収入では賄えなかったのが、それだけで優に賄えるようになったことなどが特徴として指摘できます。

もう１戸、西山家の家計を見てみます（図表２-10、２-11）。西山家は新潟県坂井輪村（現新潟市）の小作農家で、田2.1町歩を耕作していました。赤木家より水田を倍近く耕作していましたが、自分の土地は６畝くらいしかなく、ほとんど地主から借りた小作地でした。なお、本村では小作料は慣習的にかなり安く抑えられていました。赤木家と同様、戦時期にかけての変化が問題ですが、残念なことに1932年以前は資料がありません。また、43年以降もデータがありませんので、赤木家との変化の比較はできません。赤木家とは前も後もそれぞれ３年間ずれますが1933～35年の３か年の移動平均と1940～42年の平

図表２-８　赤木家の家計収支

（単位：円）

	収入	支出	収支
1930	1,286	692	594
31	857	833	24
32	1,250	1,343	▾93
33	947	1,678	▾731
34	1,301	1,016	285
35	1,675	944	731
36	1,747	1,311	436
37	1,716	1,091	625
38	2,236	2,051	185
39	2,970	1,551	1,419
40	2,450	1,768	682
41	2,938	2,175	763
42	1,955	2,001	▾46
43	4,020	2,637	1,383
44	3,924	2,264	1,660
45	4,519	3,063	1,456

（出所）赤木祥彦編『山地農民の昭和史　赤木勝太郎日誌・金銭出入帳』柊風社、2011 年より作成。▾はマイナス。

図表２-９　赤木家の家計収支

（単位：円）

	1930 ～ 32（Ａ）	1943 ～ 45（Ｂ）	Ｂ／Ａ
収入	1,131	4,154	3.7
うち米麦収入	293	1,095	3.7
支出	956	2,695	2.8
うち生活費	564	758	1.3
収支	175	1,499	8.6

図表２－10　西山家の家計収支

（単位：円）

	収入	支出	収支
1933	1,434	838	596
34	1,158	886	272
35	1,609	1,174	435
36	1,663	1,117	546
37	1,818	1,243	575
38	1,949	1,625	324
39	2,165	1,518	647
40	2,933	2,799	134
41	2,984	2,062	922
42	2,319	1,774	545

（出所）西田美昭・久保安夫編『西山光一日記』東京大学出版会、1991年より作成。

図表２－11　西山家の家計収支

（単位：円）

	1933～35（A）	1940～42（B）	B／A
収入	1,400	2,745	2.0
うち農業収入	933	2,422	2.6
支出	966	2,212	2.3
うち生活費	329	670	2.0
収支	434	670	1.5

均を比較すると、当然変化自体は小さくなります。

まず収入は、1,400円から2,745円へと2.0倍の増加です。そのうち農業収入は933円から2,422円へと2.6倍増加しています。期間の短さを考えると、相対的に大きな増加であったといえます。また、収入が3,000円近くになっている点も注目されます。赤木家のように1943～45年の平均を出すと優に3,000円を超えたことは確かです。西山家の農業収入以外の収入は、仲買商等の兼業収入です。また、農業収入はほとんど稲作収入です。赤木家に比べ稲作収入以外の農業収入の割合が少ないことも西山家の特徴です。

一方、支出は966円から2,212円へと2.3倍の増加です。そのうち生活費は329円から670円へと2.0倍に増加しています。結果的に収支は、プラス434円が670円へと1.5倍になっています。

西山家にとって農家経済が上向いた意味を考えてみましょう。同家にはあととりとして光一という青年がいました。この光一青年、飛び切り几帳面な性格で、日々の生活を克明に記した日記を残しました。それは大部2冊の『西山光一日記』として刊行されています。光一は戦後も長く日記を書き続けましたが、1977年に自分の歩みを「小作農民の人生航路」として1つの図にまとめています。詳細を極めた光一の略年譜です（表示は省略）。それは光一がいかなる思い、価値観をもって生活し働いてきたかが分かるような図になっており、日記解読に参考になります。

皆さんにお考えいただきたいのは、戦後30年以上も経っているにもかかわらず、「人生航路」と題する略年譜において光一は「小作農民の」としていることであり、「農民の」とはしていないことです。それだけ戦前に小作農民であったことが光一の人生においてきわめて重い意味があったということです。「人生航路」の記述には光一の思いを一言記した箇所があります。1925年10月から日記をつけ始めた光一は、26年のその箇所に「小作農民の惨さをしみじみ感ずる年頃」と記しています。この時、18歳。土地を所有しない農民の貧しさや惨めさから抜け出すことが光一の切実な課題となっていました。そのため必死に働き生きた小作農民としての戦前期前半生の人生が晩年の光一にとって光芒を放つ、とりわけ印象深い時代だったことを、これはものがたっています。

「人生航路」の記述によると、「小作農一本では生きられない勘定」を悟り、「百姓の余暇を如何に収入を上るべきかを常に考」えていた光一は、仲買商の鑑札を取って金物商を始め（1930 年）、石鹸製造や金物・農機具の販売修理等に従事しました。農業でも小新集落で最初に短冊苗代を始めました（33 年）。また、定規の止め型付田植を行い村民に「大いに驚かれた」といいます（35 年）。光一の耕作地は 58 筆に及び各所に分散していたので、生産性を上げるため 40 年以降積極的に耕作地の交換を行います。光一は農業に熱心であり、高い技術をもっていました。44 年以降、自作農創設の取り組みも集落で主導しました。小作問題との関わりも深く、父駒吉は小新農民組合に参加し、小作委員として集落での小作料の決定等にも加わって活動しました。光一も農民組合との関係が強く、講演会に積極的に参加しています。36 年、小新下組に皇国農民連盟の組織ができたときは書記長になっています。小新集落では 31 年から政友会を支持する小作農民を主体とした村政派と集落の重立を中心とする親睦会の政争が激化しますが、光一は父とともに前者に属して活躍しました。

戦時期にかけて農家経済は急速に上向いたといえます。そして、そこには西山光一に見るような農民の頑張りがありました。この２点が留意すべきポイントです。

（２）　大内力の戦時下農村ルポ

もう亡くなられましたが大内力先生（以下、敬称は省略）は多くの分野で優れた業績を残したマルクス経済学の泰斗です。父親が大内兵衛で、最初は農業問題を中心に研究しました。兵衛はご存知のように兵庫県淡路島の出身です。大内力は東大を卒業して日本農業研究所に入り、農業の研究をしなければいけなくなりました。しかし、東京生まれで大学も農学部ではなく、農業や農村のことは何も知らない。そこで、農家に住み込んで体験を通して勉強しようということになりました。選んだのは父兵衛の郷里である松帆村（現南あわじ市）です。大内は 1943 年５月初めから７月初めまで兵衛の実家（小地主）で生活し、「毎日鎌をもって田に出てはあちこちの手伝ひ」をしたりして「百姓の生活に直接に触れることに努め」、戦時下淡路農村のルポを書きました。

題して「村にて――農村現地報告」（1943 年）。実は、村は違いますが私は兵衛と同じ郷里（三原郡）の出身です。大学院では近くの村の小作争議と地主的土地所有について修士論文を書きました。そのとき大学の先輩を通してこの論文を手に入れ読みました。時流に乗ることを徹底して排除、非常にリアルであり、若かりし頃の大内のみずみずしい感覚が随所にあふれた私の好きな論文です。東京育ちで滞在２か月であるのに、「自分の田んぼの事じやったらしゃん〳〵やるんじやけんど、こないなこたああほろしうて全然《ずんど》やる気やせんなあ」などと淡路の方言も正確に書き留めています。今回のテーマに関係する事柄も多く記されており、あらためて取り上げることにしました。

この論文で大内が強調しているポイントの１つは、淡路島の農村は豊かで、恵まれているということです。ルポもその原因の探求から始まります。村の豊かさを測る基準は一般的に建物です。大内もまず立派な家に目をつけます。「私の注意を惹いたのは、淡路の農家の建物が、どこの村に行ってみても非常に立派だといふことである。（中略）ほんの小さな小作人の家でも、関東や東北あたりの農家に比べると非常に豪勢なものである」。屋根瓦が本葺きで鬼瓦式の瓦が載せてあるなど、「どう見ても昔の豪族のように見えるのである。その上壁が真白に塗ってあるし、大きな、お城の裏門のようにさへ見える長屋門がついてゐる」。「豪族」や「お城」は大げさですが、松帆村があった地元で「三原平野」と呼ばれる淡路島南部の平坦地では、立派な家が多いことは事実です。

その理由は農家が豊かであること、第１次大戦後、農家の生活が急に豊かになったことなどを農民から聞き取っています。ではなぜ農家の生活が豊かなのか。気候が温暖で地味が肥えていること、水利に恵まれていることなど自然的条件の良さを大内はあげています。そのため、全島の９割以上が２毛作、一部３毛作も行われている、しかも土地の生産性が高く、戦時下の肥料不足のときでも麦を２石前後、米を３石３～４斗も生産する力をもっている。麦に代って急激に増加する玉葱は、800 ～ 1,300 貫もとれる。もう１つは、地理的・歴史的条件です。大阪、神戸に近く、歴史的に海運も発達していたことから、農産物の商品化が早くから進んでいた。これが金肥を多く用いる集約農業、主に濃厚飼料に依存する酪農経営を発展させた、というわけです。

そして、戦時期。「とくにここ２、３年来、彼等の収入は顕著に殖えてゐるようである」と大内は書いています。２、３年来というと、大内の滞在時期からさかのぼると 1940 年か 41 年以降ということになります。戦時期に農家の収入が「顕著に増加した」というわけです。大内があげている要因を箇条書きすると次のようになります。

①米は闇でいくらでも売れる。１俵（４斗）40 円にも 50 円にもなる。また、魚や肥料との物々交換もずいぶん多い。

②百姓たちにいわせると、昔から「出日３升」といって１日の労賃と

米３升はパーでなければならない。そうすると労賃が４円になった今日では米価はどうしても石 130 円以上でなければならない。

③玉葱は平均反当たり 350 円位の収入になる。玉葱を作り出してから農家がとくに豊かになった。

④麦だと反当たり 60 円の収入。

⑤農家の家計にとってプラスになっているのは、むしろ副業収入。副業収入の主なものは果樹と酪農。果樹（みかん）は、反当たり少なくとも 600 円の収入。酪農の収入も、１町歩位の経営で２頭乳牛を飼うと、酪農の収入はだいたい農耕の収入に匹敵すると一般にいわれている。

⑥瓶筒（農家の副業）は１人１日 500 個は骨が折れない。100 個 60 銭だとこれだけで１日３円になる。

⑦５反以下の零細な農家だと瓦焼き（自営兼業）をやったり、牛舎を引いて運搬業をやる。

⑧運搬業は１日稼げば 30 円位は楽に儲かる。トラックがなくなったので、港まで積み出しはほとんど牛車。それにしても少々ボロイ儲けである。

⑧に関して大内は次のように記しています。「私は何時か企画院の美濃部（洋次――庄司）氏が東京ではリヤカー１台で１日 60 円儲かるといふ話をしていたのを思い出さずにいられない。吾々薄給のサラリーマンがその話を聞いて、どうもサラリーマンなどやっているのは割が合わないとまんざら冗談でなく考えるやうに、この辺の農民も『しこしこ田んぼを作っても阿呆らしい』とかいって小百姓を恨んだりするのである」。

以上、戦時下、農民が急激に豊かになったこととその要因がご理解いただけたと思います。稲作もさることながら、玉葱やみかん、酪農など他部門が非常に高い収益を得られるようになるとともに、兼業や副業も大卒の研究者がうらやむような儲けが得られるようになったのです。大内は「瓦焼き」には具体的に触れていませんが、実は私の祖父も戦前から農業の自営兼業として製瓦業を営んでいました。戦時期や昭和20年代はたいへん儲かったのではないかと推測しています。なお、⑧は後で触れる「戦時下の『革命的状況』」に関係することから挙げました。

（３）　増田家の行商経済

農業のあり方は地域で異なり、農業のあり方が異なると戦時下に農家が豊かになった態様と程度は異なります。もう１例、東京に行商をする農家の例を見てみましょう。取り上げるのは現在の我孫子市、手賀沼近くの自小作農家、増田実です。増田も前述の西山光一らと同様、日記を残しています（増田 1998）。高等小学校卒業後、近在の平井塾に通ったのをはじめ実業之日本社「帝国実業講習会」や英語を勉強し、早稲田大学法律家講義録の受講も決意するなど、知的好奇心の強い青年でした。また生来勤勉で好んで読書をし、政治や社会の動きにも敏感でした。日記は17歳から書き始めています。そのうち妻の行商に関する事項を中心に概要を本章巻末付表にまとめました。

増田は兼業農家で近くの工場に働きに出ていました。「農繁正に酣なりと雖も、貧棒の辛さは容易に労銀を得る事を中止するを得ず。不相変相耕地へと、土工の身分だ。故に農事は、等閑のかたちにあれど、妻の猛闘に依って、好く人後に陥ちず繁忙を切り抜くる」（『増田実日記』1930. 5. 7。以下、年月日のみ記す）。生活苦は遠慮なく増田家に襲いかかります。第３子が生まれても、「生活苦を味ふ我人には、子をもうくる事に於て目出度くもなければ嬉しくもない。むしろそれだけ生活費は嵩み生産は削減せらるるを思へば心細ひ様な気もする」。それでも恐慌下、田を買って「未来の富産を夢みる第一歩にして家歴を飾る。喜悦に堪えぬ事だ」と日記に書く増田です（30. 9. 14）。

増田は強い「下層人階級」意識をもっていました。一方、それだけ「有閑階級」の「上層人階級者」を意識し、「自己の職分に忠実誠意」を尽くすことを信念としていました。さすれば下層人階級も「生活戦線の勝利者」になれる——。これはこの時代が求めた勤労型農民の典型といえそうです。1936 年元旦の日記には、過去７年を振り返り、家運興隆の土地や資金等の増財は 2,000 円、年平均 280 円に及ぶとしています。日記における「生活戦線の勝利者」云々はこうした実績がもとになっているのは見やすいことです。

妻が東京に野菜の行商に行きました。年々儲けが大きくなり、1940 年７月が最後ですが、信じられないような儲けを出すようになります。日記によると、行商は 1936 年までの２年間は、農閑期を利用した年末１か月だけ行われていました。37 年以降、「相当有望」ということで早春の農閑期と夏季も１か月前後行われることになったようです。また、この頃には増田の村から 200 人余りが行商に行き、１日５～600 円の売上をあげ、「その経済価値は農業と相まって重要生業」となりました。そして、38 年８月には増田の部落では全員が行商に行くようになり、部落の生活が行商により支えられていると増田は記しています。行商がいかに儲かったか、増田家の行商の跡をたどります（以下の年月日は日記のもの）。

① 1936. 12. 31…１か月の売上は支出等を差し引き 60 円余り。「建家以

来の目出度き正月を迎へられる訳だ」

② 1936. 12. 3…行商の成績「案外好調」。本年は１日平均２円 50 ～ 60 銭。昨年１日平均１円 80 ～ 90 銭

③ 1938. 2. ー…１日の売上平均４円ほどに及ぶ（再開後８日間）

④ 1938. 8. 8…１か月の収入 151 円 76 銭。「行商開始以来の最高額」

⑤ 1939. 6. 30（欄内に記入）…７月 14 日までの売上 62 円 55 銭

⑥ 1940. 7. 28…相場最高潮、１日１回の売上 10 円突破

⑦ 1940. 8. 25…ヤミ売買に入る（推定）。青果物統制、公定価格３、４割引下げを受け、「今より吾人は終末を覚悟し、善処の方を講ぜねばならぬ」と記す。

１か月の売上 150 円余りというのは、「普通の生活」の月収 100 円はもとより、安藤の基礎生計費をうわまわることに改めて注意してください。妻の野菜の行商は年間３か月ですが、これだけの儲けを稼ぐようになった農家経済上の意味は大きいといえます。40 年８月 25 日の日記の内容から考えるに、増田日記から行商に関する記述がなくなって以降、増田と妻は行商で培った経験や人脈を通して野菜の闇売りに移行したと推定されます。仮に闇売りを行ったとすれば、太平洋戦争下、増田家の儲けはさらに大きく増大したはずです。

５　太平洋戦争下の「革命的状況」

（１）　清沢洌と『暗黒日記』

大内力が戦時下の村の調査をする中、車引きの１日の稼ぎが約 30 円と聞いてサラリーマンは割が合わないという気持ちをもったことをお話ししました。月に 20 日出るとして月収 600 円です。確かに民間の研

究所の駆け出しの研究員などとうてい及びもつかない収入です。大内が調査をしたのは1943年5月から7月、太平洋戦争が始まって1年半ほど過ぎた頃です。

太平洋戦争下、労働者や農民が急激に豊かになったことが社会的にどう映っていたのかをある識者の目を通して検証します。社会の低所得者と高所得者の収入の逆転現象が現出しました。あらかじめ結論を先取りしていえば、こうした事態を「革命的状況」とみる向きもあるほどでした。

これから使用する資料は清沢洌の『暗黒日記』です。まず資料について簡単にお話ししますと清沢はリベラルなジャーナリスト、外交評論家です。長野県安曇野に裕福な農家の三男として生まれ、内村鑑三の弟子井口喜源次の「研成義塾」で教育を受けた後、米国留学し清掃夫等をしながら学ぶ。帰国後、中外商業新報（現日本経済新聞）や東京朝日新聞で記者。対米関係の協調路線、反官僚主義・反統制反権威主義、反侵略主義の立場で健筆をふるいました。『転換期の日本』、『第二次欧州大戦の研究』、『日本外交史』等の著作があります。

吉野作造、石橋湛山、馬場恒吾、長谷川如是閑、柳田國男、蝋山政道、芦田均、嶋中雄作らと幅広い交友関係をもっていました。「アメリカ問題と日米関係についての専門家として、しかも『昭和の吉野作造』を目指した」といわれます。

清沢は将来日本現代史の著作を書く計画をもっており、そのための備忘録として日記をつけていました。そのため日記は1942年から清沢がなくなる45年5月までの短期間しかありません。日記の表題は「戦争日記」とされていました。太平洋戦争下の政治や経済だけでなく市井の人々の暮らしに目をやり、それを生き生きと描きだした点に他の日記にない資料的価値があります。庶民の生活や行動をみる眼差しは識者らしく上から目線でやや主観的、少々偏見と意地悪さも含んでいます。しかしそれだけ時代の変化に敏感で、他の者なら見落としている多くの社会の実相に目を向け、日記に書き留めています。

庶民の暮らしに関する『暗黒日記』の記述を見てみましょう。まず労働者の賃金に関しては次のようになります。「人夫の稼ぎが１日100円にもなる場合がある」（1944. 11. 28)、「家妻が鮎沢君を先日訪問した時、労働者風の男が100円紙幣の束を落した。はだかでポケットに入れているのだそうで、しかも極めて部厚なものだった。隣の女の人が『あなた落としものを―』というと、そのままズボンの前ポケットに入れて、平気な顔をしていたという。インフレの一現象」（45. 1. 2)、荷造り人夫の「ただ荷造りするだけの（中略）日給は110円」（45. 4. 10)。

農家の収入は次のようになります。「食用油の配給ある由。１合23銭。これを闇相場で買えば７円なる由。すなわち実価は公定相場の30倍になったのである。これでは物資は出回らない。兄の話では、埼玉県で米が１升15円、1,000円に３俵だとのことだ。また胡瓜が１貫目４円とかである。田舎の百姓で１万円ぐらい持っていないものはないほど東京近県の百姓は儲かるとのことだ」（44. 7. 14)、「泥棒流行りだが、農家が荒される。『世界一の泥棒国』は戦時下の日本に与えられる尊称だ」（44. 4. 24)。

戦時下、労働者や農民の収入が急激に増加したことはすでにお話ししました。清沢も正確に書き留めています。それを中産階級・知識階級との逆転という視点でみる点に清沢の特徴がありますが、そこにいく前に清沢が労働者や農民の社会的地位の変化をどう見ていたかお話しします。戦時下、労働者などの社会的地位は大きく変化します。清沢はその変化をいわく「革命の一歩手前」などと評価しており、日記にくわしく書き留めています。まず商業、建設関係の都市自営業者は次のようになります。

「２等車（中産階級が乗る車両――庄司）には必ず土木請負人のような野卑な連中が乗っている。第１次世界大戦の時にいわゆる成金が日本を一変させた。今度も同じである。資本主義機構の欠点は確かにそこにある。しかし社会主義化、統制主義化しても別の弊害がある。要は教養の向上のみ」（43. 10. 22, 23）

「（新宿発松本行の汽車に乗って）汽車の混み方言語に絶す。これで統制の結果なのである。車中、列を乱して席をとった男と一寸議論す。商人的、工場的、土木請負業者のような連中が、２等車を占領す。それがため秩序も維持せられず。いわゆる柄が悪くなったことはなはだし。中産階級の破滅、新成金階級の出現目に見ゆ。途中、朝鮮人が荷物を沢山持って乗る。乞食みたいな格好なり。車掌が検札をしたが黙っていたから、おそらくは２等切符を有していたならん。朝鮮人の金儲けは非常なものである。闇取引によってであって、全国的な網を持っている由」（44. 10. 8）

「先頃、避難荷物の検査があった。その検査官は、出入りの大工植村であった。我等の隣組長を従えて、挙手の礼をして『よくできました』と讃めて行ったそうだ。ワイフは『今までは、勝手口から出入りするのにも遠慮しましたのにね』という。ここに問題は２つある。１つは、大震災の時もそうであったが、今、秩序維持の責任が、大工や植木屋、魚屋等に帰したことだ。彼等は丁度いい知識と行動主義の所有者である」（44. 3. 21）

労働者は次のようになります。「資本家は生産増強の重荷を負わされている。それにかかわらず、法規で縛られ、統制に服して不平満々だ。資本家側が、現時の官僚を赤と呼ぶものが多い。（中略）資本家はようやく反噬して来た。本朝の『朝日』には藤山愛一郎が「人の機械化を排せ」といって、観念的平等主義を書いている。階級的闘争―資本家と労働者階級、若い者との間の闘争が目立ってきた」（42. 12. 24）

「高級料理屋を閉鎖した理由としては、労働者や徴用士の反対がはげしく、そういうものを閉鎖しなければ治安の責任が持てぬと警視庁で言い出した由。これはそうあるべき事。徴用士連の寄宿舎では、『おれ等が、こう働いていても、重役連中や軍人は待合に行っているのではないか』と不平をいっている旨、銀星にいた小林が実話したそうだ。高級料理屋―ブルジョア―に対する労働者の反感と同時に東調布警察署あたりの常会係りの刑事は、盛んに『奥様』や、『物持ち』を攻撃し、女中階級を先導しているとのことだ。これは若い下級官吏には特に通有することである。労働者と官吏の反抗的なる革命熱。地盤はここにできているのである」（44. 3. 16）

農民は次のようになります。「鹿児島の商工経済会の理事の話―先頃、熊本に行ったが、２等車にドヨドヨと農業人が這入ってきた。３等切符を持ってだ。そして２等の者を尻目にかけて『おれ等は毎日白米を食っているんだ。野菜だってなんだってある。見ろ町場の奴等を…』と。農夫の反逆である」（44. 6. ―）

「軽井沢（清沢の別荘があったと思われる――庄司）に来たる。（中略）庭前の芝、また伸び放題になる。管理人たる井出君（農民か――庄司）、近頃鼻息すこぶる荒し。都市のものが、あまりおだて、すがるからである。大体に田舎の農業家の鼻息は当るべからざるあり。何にもやってくれぬ」（44. 9. 3）

地方の農村青年は次のようになります。「これら（供出の推進）の中心は翼賛壮年団だ。高田甚一氏（長野県民）のところへ壮年団が来て、レコードや本で英米的なものは全部出せといった。さすがに『どれがいけないのか』といって一部を保留した由。銅鉄は、仏壇の灯明まで出した由。土橋（荘三、松本市の衣料問屋、清沢の親戚）のところでは500貫も出したとか。いずれも実話である。老人連中は『行きすぎだ』と非難するが、どうにも仕方がない。青年団の勢力かくのごとし。とくに信州の青年は、かつて『赤』化しただけに、その行動は徹底的である。知恵がないだけだ。ここから革命までは一歩のみ」（43. 6. 24）

最後に女性は次のようになります。「長谷川如是閑氏曰く、実際我等の生活は、なめる生活だと。桑木厳翼博士のところには女中がおらず、老夫婦だけであると。長谷川如是閑氏は自分で御飯を焚いている。同居の妹が、ひょうそうか何かが出来て働けないからである。同隣組10軒ばかりの家で、女中がいるところは1人もいない由。長谷川氏曰く70歳にして始めて米を焚く。昨日は紙で焚いていると、人が来て火が消え、またつけたら、まるで食えないものができた。ただ勉強できないで困る。（中略）柳田國男氏（女中がいないのは同じ――庄司）曰く、近頃の道端の話しが非常に面白い。そういうものを書留て置きたいが、僕にはその根気がなくなった。米不足がどこでも問題になる。足らぬ話し」（44. 4. 1）

「畠をやる。女中とよや、畠をやることを嫌がり、白足袋で出づ。若い未婚婦人が精神的に可笑しくなっている。家妻が地代を持って行けといったのに対し、『まだいるかと思われるのが嫌だからいかぬ』といった由。今日も『畠仕事は大嫌いだから、夏までいるかどうか』といったと。これが最近の女中気質で『いてやる』、『いつでも出る』といった態度である。商店の婦人社員など欠勤非常に多し。店を休んで、男を尋ね、時間になると、知らぬ顔をして家に帰る由――奈良官補の話しである」(45.1.30)

最後の女中の話を補足すると、女中を嫌がって、やる女性がいなくなったという内容です。女中は戦前の中産階級（「中間階級」、「中間層」ともいう）の社会的シンボルです。そうした女中をする人がいなくなったことは、戦前の中産階級とその社会の崩壊を象徴しています。日記の引用が長くなってしまいましたが、下手なまとめをするより直接日記を読んで戦時下の状況をリアルに感じていただきたく、お示ししました。どうですか？　戦時下に日本社会の構造が大きく変化し、労働者や農民をはじめ庶民の社会的地位が飛躍的に上昇したことがご認識いただけましたでしょうか。一言でいうと、これは社会の平準化であり、その限りで社会の民主化といえます。

（２）「中流社会・知識階級の没落」と「革命」

このような戦時下の社会の民主化を、清沢は「革命の一歩手前」などととらえました。こうした認識の当否はともかく、清沢がそうした認識をもつほど社会の変化が大きかったということであり、これ自体、重要な問題です。清沢の思想も当然関係しますが、なぜそこまで思いつめたのでしょうか。もう少し『暗黒日記』を読んでみます。

清沢は、庶民の収入や社会的地位の上昇をみただけでなく、一方の、自ら属した都市中間階級の「没落」という認識を強くもっていました。それは、自分ら中間階級と労働者、農民などとのとくに収入の比較により生まれてきたものです。

「東京都の依頼により青梅から中に入った小曾木村というに講演に行

く。帰りに飯能に出て7前半帰宅。約10時間働きで1日43円某し。旅費は当方から持ち出したから、土工夫より遥かに悪し。近頃は人夫の稼ぎが1日100円にもなる場合があるという。悪性インフレ、今や一般化」(44.11.28)。そして、極めつけは次のようになります。清沢はある日、荷物30個を送りました。そのとき荷造りするだけの荷造り人夫の日給が110円でした(朝10時から午後4時半、酒・昼食付)。これに対し帝国学士院会員で、清沢いわく日本の最も傑出した学者、信夫博士の1日のお礼が50円。それもたまにある依頼。清沢はこれを知って、「戦争下に今日ほどインテリの没落を感じたことはない」と嘆き、「我等インテリの労働賃金は1日、最高50円である。これが現在の知識階級と、労働人夫との比較なのだ。我等の収入はますます減少し、逆に労働階級の収入は天井の如く高くなる」と記しています(45.4.10)

また、インフレや闇価格の暴騰が家計を直撃したことも、清沢のような中間階級にはこたえました。「東電史謝礼1,000円くれる。(中略)我家の経済、収入不安定の上に、支出非常な速度で膨張。今後の見込みたたず。原稿料全くなし」(44.4.1)。また、「牧野博士の談」として、「ある大工が来て、『1ケ月千円ぐらいなくて食えるかい』といっていた」ことを日記に書いています(44.4.1)。その他、天井知らずの闇相場に触れた後、『中産階級は全く没落の外はない。我等自身も、生活に困る時代が目前に来ている』と書いているなど(44.10.1)、生活の危機にあえぐ清沢の姿は日記のなか、随所に現われています。これでは清沢が「革命の一歩手前」などと考えても仕方ないといえます。

現に、中流社会・知識階級の没落は本人たちにかなり一般的認識としてあったといえます。1例に永井荷風『断腸亭日乗』を見てみましょう。

「東京の住民は一般に食物には困りて居れど金には不自由せず近郊に芋野菜の買出しに行き又闇相場にて米を買ふ余裕あり。これ革命の起らざる所以なり。強制貯金も毎月 10 円、20 円位は平気で出す次第なり。労働を厭はざれば１日 10 円内外の収入は楽なものなり。之に反して文筆読書の士は殆収入の道なく中流社会及知識階級はおのづから滅亡すべし」（44. 10. 12）

人々が金に不自由しなければ革命は起こらないという見方の当否はともかく、戦争の時代、労働者や農民のように働く人間（肉体労働者）の世の中になったということを荷風は言外にいっているのです。一般の庶民は働けば１日 10 円前後の収入は楽に得られ、そこそこの生活ができる。だからといって荷風らのような「文筆読書の士」が滅亡することにはならないが、そこまで思いつめていた。戦争の時代というのは、現実に荷風ら「文筆読書の士」は自分らは滅亡するしかないという気持ちをもって生きていた時代であった――。今こそ、当時の人々が意識した、この戦時期の格差縮小、平等化とその歴史的意味が注目されるべきだと思います。

『暗黒日記』を読むと、清沢とつながりのあった知識人の消息も分かります。清沢はある日、戦後の社会がどうなるかについて意見交換する会合に出席しました。そこでは、大きな社会変革が不可避との認識が多くの識者の間で共有されていたといいます。その中で、「私有財産は存するだろう。ただそれは国家のために非常に制限を受けるだろう」という意見が出され、これもだいたい意見が一致しました。この意見をいったのは大内兵衛。大内は「マルキストといわれるにもかかわらず、案外にその観方が客観的である。公式的でない」というのが清沢の評価です。リベラリスト清沢洌の名誉のため付言します。

おわりに

格差・貧困の視点でみて、戦争は社会的・経済的に人々の平等化を大きく進めたことを明らかにしました。1929年からの昭和恐慌の時代とそれに続く戦争の時代を通して、日本型ファシズムが台頭、成立して、戦争への国民の動員が押し進められます。恐慌による深刻な打撃と人々の危機感・不満の高まり、そしてその後一転して人々の「貧しさから解放」が一定進展するとともに経済格差も縮小して、平等化が大きく進む社会経済変動が日本ファシズムの支配と、国民の戦時動員を成り立たせる条件となりました。社会経済的な平等化もある意味で民主化です。政治的民主化が進展した大正期に対し、ファシズムの時代にいたって民主化が頓挫し、それに替わって非合理的な超国家主義をイデオロギー的支柱とする強権的体制が強制的に国民の戦時動員をはかったという周知の歴史認識は、この点でも修正の必要があると考えます。政治的民主化の頓挫の反面で社会の平等化＝民主化が進んだことは看過できません。国民の戦時動員は単に国の強制だけでなく民衆の主体的行動にも支えられていた理由です。もう１つの論点、戦後との関係については、今日お話ししたような戦時期の達成が戦後民主化の起点となると思います。具体的な話は次章で行いますが、戦時下に達成された貧富の格差縮小や貧困からの一定の脱却というのは、とくに戦後の民主化のなか、短期的に変化しても中長期的には後戻りしえないものと考えます。

付表　増田実日記（抄）

1935. 10. 4	秋の農家は、明頃天候と米価に気を揉む。最近の米価は、漸やく落着たれど昭和５年以来の高値にて百姓全盛の世となる。
35. 12. 31	妻の行商も今日１日と云ふ。（中略）夜、１ケ月間の売上を計算。支出等を差引、60円余の残金、利子、米売却等、相当な額に昇り、建家以来の目出度正月を迎へられる訳だ。
1936. 1. 1	積年徐々に家運興隆家業の収益に依る増財は、過去７ケ年に於て家屋家具農具土地並に資金等を通じては、約２千円に昇る可く１ケ年平均280円の増産である。
36. 1. 5	創家７ケ年移植漸やく足りる雖も、社会的方面の欠陥は未だ何ら進捗の跡を見ず、人間らしき生活を得んには前途遼遠だ。即ち未だ漸やく人生のスタートラインに入らんとする所だ。
36. 1. 10	本年の米価は初春早々揆暴力に富し、殊に糯米依然として高値に昂騰しつゝあるに喫驚す。凶作なるは結果は勿論糯に於ては尚更品逼迫にして、端境期の狂騰又々今より想定できるやに感ぜらる。
36. 5. 30	連日の不順気に米価暴騰、愈々最高公定値に接近しつゝある。
36. 6. 12	米価鰻上りに暴騰、期米34円66銭、正米千葉５等32円40銭、近年希なる狂騰振りである。２箇年の凶作にて極度の在庫薄、加ふるに這般来の気候の不順、朝鮮に於ける旱魃、台湾の降雨、騰勢の好材料に基因する事多くあり、
36. 11. 30	農業の片手間閑期を利用しての短期間の行商なれば、勿論其の利得も少なけれど過去２ケ年年末１ケ月宛の励行、年末だけは素人にても相当有望なるに鑑み、本年は蔬菜も比較的高値なれば、一層の拍車をを懸ける意気込み。而して来年度に於ては早春の閑期をも励続、猶ほ夏期も１ケ月位努力して見度いと云ふ。今や本村の東京行行商隊は２百有余を算し、１日５、６百円の金を都会より持ち来る。其の経済価値は農業と相まって重要生業となる。
36. 12. 3	妻の行商成績案外好調、昨年は１日平均１円８、90銭、２円を超ゆる日は希なりしも、本年は先ず平均２円５、60銭は見られそう。一般蔬菜が昨年に比し高値なる結果なるは勿論なるも、１つは練熟せるにも依る可し。
36. 12. 5	凡そ社会人は民衆は殊に我人下層階級人には、夏季に於ける炎熱と冬季に於ける酷寒は最大の支障であり最大の敵である。（中略）此の両期を利用し好く戦い得る者は、即ち生活戦線の勝利者であるのだ。樹下に涼臥し日向に背を乾す輩の生活状態を視よ。下層人は下層人らしく、上層人階級者の比較的有閑階級者の悦楽は到底真似し得ないのだ。彼等を（欠）み彼等をねたみて悪思想を求めずとも、自己の職分に忠実誠意であれば、必ず吾人も其の地位を得られぬことはないのだ。
37. 12. 8	米価活気付き、殊に粳米より下値を廻り居たる糯米漸やく台頭し始む。左記の如き報ありて糯作りの吾人をして破願快喜を催さしむ。（中略）斯く見る時き、12月上旬は28円見当に昂騰するが想定つく。
38. 2. －	妻の行商、再開してより８日となる。（中略）売上平均４円ほどに及ぶ。
38. 8. 8	妻行商１ケ月を完了、収入151円76銭を得る。蓋し行商開始以来の最高額なり。然して是を品物にすれば、トマトの約40円、茄子の約30円、胡瓜の約７円、葉の約８円、宛元４円、玉黍の３円、大根の３円。
38. 9. 30	茲に於て全部落は挙って東京に是等蔬菜を搬出すべく行商を開始―新規開始10人―生活の様式は一大カーブを切って転換せられた。水害暴風雨等に依る野菜の払底は、相場の暴騰とな売行良好、最後のトタン場に頻せる吾部落も、是の行商に依って何やら生活の綱も持ちこたいそう。（以下、職工農家に触れている）。
39. 1. 18	行商を開始す。定期３ケ月分を購入す。蔬菜の相場は、依然旧臘と変りなく高値を持続す。（中略）売行も存外良好にして、二番列車にて趣き、午後１時30分の汽車にて帰る。売上３円20銭。
39. 6. 30	行商欄　７月１日３円70銭　２日３円50銭　３日４円10銭　４日４円50銭　５日３円70銭　６日４円60銭　７日５円10銭　８日６円也　９日７円30銭　21日４円50銭　22日３円80銭　23日４円05円　24日４円10銭　25日３円60銭
39. 11. 6	米の最高販売公定額43円と発表。是迄の玄米１石当、標準価額38円を一挙に５円引上ぐ。（中略）政府は是に依って、近く米穀国家管理法施行。強制買入制度も新設すると云ふ。（中略）故に、日和見的に価額を以ってせずに、最初より、他物価に均衡の価額を以ってするならば売惜みもなく、従って強制手段の必要もなく、農民の道徳心は発揮されるのではないか。国民の直接、生活に関する必需品であるならば、価額の制定は常に米価を主とし、他物価を従とするが当然ではあるまいか。
40. 4. 11	先ず生産者としても、市場相手に青果を作ると云ふ事は、肥料高労銀高の折柄、非常な考慮を要する事とて、市場の品薄も単なる季節柄とは思へぬ程目立って寂しさを感ずる。
40. 4. 12	夜、飯塚氏方にて配給肥料の割当を行ふ。反当、完全400匁過石850目と云ふ。配給にては施し様の術もない。事変下と云ひ、米穀不足を深刻に感じつつあり、如何にして増産を計るかに悩みつつある折柄、無肥料を以って此の矛盾を突破せよとは為政者の思慮奈辺に有るかをうたがい、寧しろ狂気の沙汰と謂わざるを得ない。
40. 4. 22	肥料の配給難に苦しむ農家は、他方想外な高価な統制外肥料乃至は取引肥料を甘んじて使わざるを得ない。
40. 7. 28	昨今蔬菜の相場は最高調を示し、胡瓜１本７、８銭、茄子２銭と云った様に、先ず曾て無き相場が実現してゐる。行商も１日１回の売上げ、実に10円を突破した。
40. 8. 25	青果の統制成り公定価格発表、３、４割の低下。都市の八百屋にも痛手なれど、行商にも非常な打撃。然かも中間搾取に依る仲買市場廃止、八百屋の御用聞き罷りならぬ等の点より、行商不可能等の流言台頭、今後の成行最も注視。実現するに於ては、宛ら行商村の観を呈し、行商に依って隆展し来り猶しつつある我湖北村始、関係町村の行路に暗影が漂ふであろう。今より吾人は週末を覚悟し、善処の方を講ぜねばならぬ。
41. 2. 8	夜、増田信夫君方に肥料配給の基準とす可き耕作反別の調査を成す。田１町７反６畝15歩　畑１町３反

（出所）『増田実日記』Ⅲ、我孫子市教育委員会、1998年より作成。

第３章　戦後民主主義と高度経済成長の格差・貧困

はじめに

今日は戦後の話になります。タイトルは「戦後の民主主義と高度経済成長の格差・貧困」としました。今どき、戦後の民主主義などといいますと思想性が分かるかもしれませんが、あえてこの言葉を入れました。もとより、戦後民主主義を手放しで評価するようなことはしませんが、格差・貧困の視点でみてそれなりに豊かで、いい社会を実現する重要な力になったことは確かです。前２回の話を踏まえ、戦後民主主義と高度経済成長（1955 〜 73 年）が戦前の格差・貧困問題をどのように変えたかを検討します。私は団塊世代のちょっと後の世代、勝手に「残り火の世代」といっていますが、物心ついて大学に入るまでの期間はほぼ高度経済成長期と重なります。地方の農村で育ちましたから、そのときは意識しませんでしたが、大きな歴史の変化は原体験のある当事者としても語ることができます。

戦前に形成されたホワイトカラーとブルーカラーの格差・貧困や戦前の重大な社会問題であった農村の貧困はどうなるのか。高度経済成長が始まる 1955 年には、農林漁業の就業者はまだ全体の５割弱いました。その後 60 年の間に２％に激減したのです。変化の大きさに驚きますが、この間、とくに高度経済成長期に農村から都市への急激な人口移動が起こったことなどが原因です。高度経済成長はこうした豊かさに飢えた人口移動や、やはり豊かさに飢えた、敗戦後のサラリーマンを含む労働者によって可能になったのですが、このことは高度経済成長によって確立する日本の雇用システムの歴史的性格を考えるうえで重要だと私は考えています。1955 年以前、敗戦から 10 年くらいの間は、農地改革は終わっていましたが農村の貧困問題はまだ残っていました。戦前の企業の身分制的秩序やそれと表裏一体であった学校歴社会がどうなったかも気になります。女工・女中等に代わって時代を映し出す戦後の女性の生き方は何でしょうか。こうした問題に焦点を絞って格差・貧困の視点で戦後の日本社会を見てみましょう。

1　サラリーマンと労働組合

（1）　敗戦直後の労働組合と組合幹部

敗戦によって体制が変わり自由と民主主義が開花して、会社や村に労働組合や農民組合が叢生します。敗戦後結成された労働組合にはそれまでにはなかった重要な特徴がありました。職員（ホワイトカラー）と工員（ブルーカラー）が一緒の組合をつくって労働者の平等処遇をめぐって闘います。昭和20年代は激しい労働運動が起こりました。こうした工職混合組合は一般的に欧米にはなく、日本の特質です。なお脱線しますが、ここ同志社大学においても、労働組合は教員、職員混合の組合です。これは同志社大学だけでなく、他の一般の私学でも同様です。国立大学はやや違って教職混合組合は同じですが、職員主体で教官はあまり組合に入らないと聞きます。これが一般の私学と異なる点でしょうか。教員、職員は要求が異なることも多いので、組合の組織を別にして、春闘などは一緒に闘うかたちにした方がそれぞれ強い組合になり合理的だとずっと思ってきました。いずれにしても、これも戦後民主主義が生んだ歴史的遺産です。

敗戦直後の労働組合に関しては重要な調査があります。東京大学社会科学研究所が実施した1947年8月現在の実態調査で、その結果は大河内編（1956）にまとめられています。地域別・産業別・系統別・規模別分布を反映させた約1,000組合に対する調査票によるアンケート調査をもとに、敗戦直後の生成期労働組合の実態が包括的に明らかにされました。それによると、工職混合組合は全体の６割前後に及びます。個別経営・個別企業単位の組合や、職員でも係長職まで組合員資格を与えている組合、また資格を有する従業員は特殊な例外を除き加入している組合が多い。

そこで問題の、組合幹部の特徴を見ると、次の５点が指摘できます（表示は省略)。①年齢が若い。30歳未満は35%、35歳未満59%、40歳未満78%です。②勤続年数が短い。２年未満は23%、５年未満41%、10年未満69%です。③戦前の労働運動の経験者が少ない。④学歴が高い。旧制中卒以上は金属工業54%、化学工業59%、繊維工業59%で、旧高専以上は金属21%、化学29%、繊維29%です。⑤職員が多く、しかも役付も少なくない。金属工業の場合、職員比率が45%であるなか、役付職員は16%に及び、そのうち部課長も４%をかぞえます。

戦後民主主義が台頭するなか、1945年末ごろから日本各地で労働組合結成の機運が急速に高まりました。「家族主義」で有名な鐘紡の組合揺籃期の例をみると、各工場で準備委員会がもたれ、1946年１月に２工場で組合が結成されたのを皮切りに５月には当時の約50工場の半数が組織された後、年末までに大部分の工場に組合が結成されていきます。こうした動きに対応して、46年３月頃から中央の統一機関を作る準備委員会がもたれるようになり、８月に京都工場で「鐘紡従業員組合連合同志会」（以下、「同志会」という）が発足しました。同志会はその後鐘紡労働組合連合会（鐘紡労連、1948年）を経て鐘紡労働組合（1953年）に発展します。

同志会の会長や鐘紡労連等の組合長クラスはのちに鐘紡から事業を引き継いだ企業や関連会社の社長や重役になっており、会社のエリートであったことが分かります（『鐘紡労働組合 30 年の歩み』1987 年）。同志会の初代会長E.Tは後に鐘淵化学工業の会長になっています。

E.Tによると敗戦後の混乱期にまず会社を防衛し、職場を安定させ、自分たちの生活を守っていくことを真剣に考えていたといいます。当時、東京工場の工場長をしており、いくつかの工場の人事主任クラスの者と話し合い、組合を作るべきであるとの認識をもつようになります。そこで本部の了解を得て次々に工場ごとに組合を結成していきました。東京工場では工場長の本人以外全員を組合員とし、人事主任が組合長となりました。E.Tは工場長の後、本部の課長に転勤します。折しも本部でも組合結成の準備をしているときであり、課長以下が組合員ということで推されて本部の組合の組合長になります。その後中央の統一機関を作ろうということになり、同志会を結成し初代会長に就任しています。このように組合揺籃期に活躍したE.Tは、当時から後輩の人たちに「会社の御用組合になってはならない。けれども、土俵の外から闘うのでなく、土俵の中で手を握ってどうしたら会社をよくできるかを話し合え」といってきたといいます。

鐘紡工場の人事主任は後の課長に相当する職位かひとつ下の職位と考えられます。だとすれば組合は会社の中堅幹部、しかも人事課のラインが主導して組織されたといえそうです。

ところで、私は6年ほど前、女性史研究者井上とし氏から昭和 20 年代における鐘紡の大卒社員と女子労働者の話を聞いたことがあります。この時期は鐘紡もまだ紡績が健在、主軸であり、地方の農村から中学を卒業して出てきた女子労働者（「女工」といわれるのを嫌った）がたくさん働いていました。家が貧しく高校に進学できず、鐘紡の工場に入りました。家に仕送りをする者も多く、この点でもまだ戦前の名残がありました。勉強したいのに働かなければならないというのは、女子労働者にとってつらいことであり、工場も何らかの対応が必要でした。そこで鐘紡長浜工場では、工場内に鐘紡長浜高校（以下、「鐘校」という）をつくり、高校に進めなかった女子労働者の向学心に応えました。

鐘校は当時繊維産業の企業に多くつくられた企業内高校です。井上氏は京都女専卒業後鐘校の教師をしており（1953 ～ 56 年）、その経験をもとに『鐘紡長浜高等学校の青春』（2012）を著されたことから、当時の鐘紡の工場に関して話をうかがいました（庄司 2014）。

鐘紡のエリート社員と労働組合との関係に私は関心がありましたので、最初に、昭和 20 年代でも「大学を出た出ないというのは決定的ですか。給与も違う？」と尋ねました。これに対して、井上氏は次のように答えました。「全然違います。戦前から鐘紡は大卒でも給与は安かった、そのかわり賞与が多い。戦前の話ですが、山科工場の工場長などは祇園町に部下を連れて遊びに行けた。それぐらいたくさんの賞与をもらえたという話を聞いています。戦後も、課長以上は２等車（後の１等車――庄司）に乗っていました。この頃は、大学出は２年ほど見習いとして各工場の現場に配属されます。自民党代議士だった綿貫民輔氏が慶應を出て長浜工場に来て、高校（鐘校）教師もしていますが、ものすごい人気でアイドルでした。大卒社員は出身階級がよくて、外見も大体いい。経済的にも余裕があり、生徒にもしょっちゅう焼き芋を買って食べさせたりすることができる。男子寮にいて、靴下を洗うのが邪魔くさいからといって、毎日靴下を棄てて替えていたという伝説が残っています。アイドルは将来必ず人事課長とか工場長になって戻ってくるわけですから、労働者も仲良くしておくでしょう」。

さらに、「工場長は出世コースですか」と私は聞きました。これに対する井上氏の答えはこうでした。組合員資格が係長以下とされているなど事実関係で若干疑問がありますが、発言のまま引用します。「はい。嘆願書（鐘校の存続を訴える）を書いた宮本さんも滝川さんも、優秀な大卒社員です（2人とも京大卒（旧制)、後者は京大教授滝川幸辰の甥)。一般の労働者との関係を上手にやっていくのも出世の1つの条件ですね。嘆願書を書こうが、組合活動を熱心にやろうが、共産主義でない限り（たいていは修正資本主義）会社は社員を特別に大事にします。将来の経営者ですから。鐘紡は慶應閥でしたが、60年代の終わりになると、慶應を出て就職する人はまずいなかったでしょう。大卒社員は胸を張って生き、戦争体験や戦後民主主義の洗礼があって、一種のヒューマニズムを実践もできたのでしょう。労働者の側でも、将来を託された特別な人が共に同じようにやってくれるのを歓迎します。労働組合は係長まで入れる協約で、一緒に活動していました。55年に10日間の大ストライキをしますが、長浜労組副委員長は大卒社員でした。同じようにデモもするし、闘争もします」。

こうした語りからは、エリート社員の行動を規定する社会的要因として、占領政策にバックアップされた戦後的イデオロギー状況（兵藤1997）があったことが見て取れます。企業内の工職間の身分差別は戦後の民主主義と平等の間尺にはもはや合わなくなっているといえます。そこで、工職混合の組合をつくり、職員が工員とともに従業員の中の身分差別の撤廃を要求していく。労働組合をめぐる社会の状況がこうしたものである以上、エリート社員が組合と運動を主導することも組織の論理からいって当然といえます。高学歴のエリート社員がなぜ労働組合の幹部か、その理由は戦後の民主主義に関わっているのです。

（２）　平等への希求

戦前における組織の身分的差別は企業だけでなく、むしろ官庁のほうが強く、それが企業の身分制的秩序を規定していたことは第１章でお話ししました。学歴主義、否、正確には学校歴主義がそれを強固に支えていました。敗戦後、官僚等の世界にも民主化の嵐が吹き、格差の視点でみても重要な闘いがありました。

城山三郎の『官僚たちの夏』のモデルとなった佐橋滋という通産官僚がいました。高度経済成長期の官僚主導型政治システムのなか、特定産業臨時措置法による官民協調方式の民間企業誘導を方向づけるため格闘した官僚として有名です。戦後の「国士型官僚」（佐竹五六氏の命名。庄司 2003）の代表的存在です。国士型官僚は、国政の基本的方向づけとその執行を官僚固有の使命とする強烈な自負心と使命感をもった官僚です。佐橋が通産次官だったとき、大臣の三木武夫がその官僚らしからぬ言動を皮肉って「佐橋大臣、三木次官」といったという逸話があります。一方、時間が空いたときはベテラン職員のタイピストや守衛と碁を打ったりしたといわれます。佐橋は岐阜県泉町（現土岐市）の写真屋の息子でした（佐橋 1967）。

佐橋は敗戦直後、商工課長のとき労働組合の委員長になります。「地方商工局になって、軍需管理局時代に幅をきかしていた軍人が総退陣し、職員の戦時中の非圧迫感は、敗戦後の解放感とともに名古屋でもいち早く労働組合結成の動きとなって表れてきた」。この組合で興味深いのはやはりキャリア・非キャリア混合組合であり、各単組の委員長がキャリア、副委員長が「一般職員で戦闘的なのが」当たっていたことです。各単組の委員長の顔ぶれをみると、後の通産省の幹部が顔を並べています。佐橋は組合委員長として、官側の行政整理の方針を逆手にとって、キャリアの公務員不適格者をやめさせる一方（就職先を斡旋)、一般職員の整理をおさえるとともに、職員のキャリアへの登用制度を設けさせたりしました（ただし数年で廃止)。組合委員長として佐橋が重視したことは、官庁の民主化と職員の待遇改善でした。佐橋はメーデーにおいて「全官公を代表して“全国の労働者”とかなんとかいって演説をぶった」こともありました。

佐橋は後年、「労働組合の経験はいろいろの意味において僕にはプラスであった。そして得がたい勉強であった。声なき声を組織化し、労働者の連帯意識に基礎をおいて問題を提起し、解決していくということはきわめて有用な制度であると思う」といっています。そして、「僕は執行部の任務は啓蒙と説得に本旨をおくべきだと思っている。これこそが労働組合の威力をつくり出す根源である」ともいっています。エリート官僚でありながら労働組合の活動家顔負けの見識をもっています。こうした官僚が戦後の通産行政を担ったことに関して認識を新たにしなければなりませんが、それは別の問題になります。佐橋は8か月ほど委員長を務めた後、本省に新設された労働課長になります。佐橋によると組合委員長を務めたキャリアに適任だとの省内判断があったということですが、否定できないと思います。そして労働課長の後、人事をつかさどる人事課長になります。

エリート官僚でありながら労働組合の幹部をつとめる。そして労働組合の幹部をつとめても、それが少しもキャリアを傷つけることなく、逆にその後の「出世」の弾みになる。一般のサラリーマンであれば現在でもありうると思いますが、エリート官僚となると、敗戦後のこの時期に限られるのではないでしょうか。これも「戦後イデオロギー状況」に対応した事柄と考えられます。佐橋のように敗戦後の混乱期に労働組合の委員長をつとめたキャリア官僚は後藤田正晴（自治省）や「最後の農林官僚」といわれた東畑四郎など、私の知る限りでもかなりいます。

では、戦前ではおよそ一般的に考えられなかった社会的エリートが労働組合の活動家になるということの、個人の内面はどういうものだったのでしょうか。戦後の民主主義、つまり「旧秩序崩壊の体験」と戦争体験、とくに戦場体験がそれにあずかって重要な意味をもつと考えています。そこで、いい意味「やり過ぎ」で少し極端な例をあげます。やり過ぎの例ですので、程度の差こそあれ多くの人々の意識の底に共通してあった問題でもあると考えています。

俳人金子兜太は 1919 年、埼玉県秩父に医者の息子として生まれています（金子 2014)。旧制水戸高校を経て東大経済学部に入学、西洋経済史の大塚久雄のゼミに入りました。「日本の農業問題」で卒論を書き、日本銀行に入行しますが３日で応召、海軍経理学校に入ります。44 年２月南方トラック島に主計中尉として赴任。戦場における金子の過酷な体験は、復員後の行動と戦後先般亡くなるまでの金子の生き方を考えるうえで欠かせませんが、とりあえず次のような語りを聞くだけでもその覚悟のほどが理解できます。

金子は 1946 年 11 月復員、翌年の「2.1 ゼネスト」の日に日銀に復帰しました。

「『これはひどい職場だ』と感じましたね。非常にはっきりした身分制が残っていて、何より学歴による差別がはなはだしい。戦地から新しい国のために積極的に働きたいと意気込んで戻った私には、日銀というそんな社会というものが我慢ならなかったんですよ。しかも、そういう古い体質の中に置かれて、半分あきらめているような人たちの顔が目立つ。給料はもちろん皆低いわけですからね。人間の最低の生活を保障する賃金体系というものが、そこにはまだ出来ていなかった。そういう状態をまのあたりにして、私は是を何とか改善したいと思ったわけです。ともかく、『自分は反戦・平和の社会を実現するために体を張ってやらなきゃいかん』と思い込んでいましたからね。その血気が私を組合運動に向かわせるわけです。1946年（昭和21年）に出来た日銀の職員組合は、47年の暮れに従業員組合となりました。私はそこに入って、やがて初代事務局長として組合専従になります」。

「『何故組合運動だったのですか』ですって。それはねえ、当時、勤め人にとっての反戦平和といえば、さしあたり組合活動だったのですよ。そこのところは是非ご理解いただきたい。振り返って自分はトラック島で私の部下だった工員たちに救われていた部分がずい分あった。そんなかれらが価値のない者として否定されて、軍人より先に死んでいかなきゃいけないのが戦争だった。トラック島でわたしが一緒に働いたような、学歴のない人たちが、ここでもやっぱり下っ端として馬鹿にされて理不尽な目にあっている。これは何だ。戦争は終わったのに、ここでは何も変わっていないじゃないかと。大げさに聞こえるかも知れんが、そのとき日銀でとったその行動は、私なりの死者への責任でもあった訳です。トラック島は私の中では終わっていなかったのです。組合で私たちが当時掲げたスローガンは、生活給の確保、身分制廃止、学閥人事の廃止でした」

補足の説明は不要でしょう。１点だけ、金子は学歴を考えると日銀の中で「出世栄達」の道も十分に可能でした。それを拒否し、金子にいわせれば10年間、地方「ドサ回り」と「窓奥」生活をしました。世俗的栄達を拒否した理由として、指摘するまでもなく金子には俳句の世界があったことが重要でしょう。しかしそれを含め、余人にはおよそ考えられない徹底した生き方を選択しました。それによって、そうした人間でなければ見えない現実をまるごと見ることができ、また成しえない行動をとることができました。それに対し、余人の多くは現実が十全に見えていないか、それとも見えない振りをして、金子ほど現実にまともに向き合ってこなかっただけといえます。金子はある意味「やり過ぎ」、極端といった理由です。

２　身分制の撤廃と収入平準化

（１）　敗戦直後の身分制撤廃

日立製作所では1947年１月、「社工員の身分を撤廃し新たに所員とする」という労使の協定が成立しました（以下、主に菅山（2011）による）。経営陣も長く続いてきた身分制度の撤廃に同意したのです。そのうえで、身分制度撤廃に伴う新たな給与形態について、固定給で月給制の基本給等を骨子とする合意が成立しています。新給与制度への移行に当たっては、旧社員・工員全員の給与形態について「抜本的な改訂」が加えられました。「新基本給はとくに年齢を重視して決められたため、著しく生活給的色彩が強くなり、旧社・工員間の賃金格差は一挙に消滅した」ことが指摘されています。

菅山氏があげている1947年７月の調査では、日立製作所旧社員（31

歳、高専卒、勤続８～９年、扶養家族２人）の理論月収が 3,252 円、これに対し旧工員（31 歳、勤続 12 ～ 13 年、扶養家族２人）のそれは 2,745 円でした。そして氏によれば、この数値は調査対象の電気機械会社９社の平均的水準にありましたが、９社のうち３社では工員の理論月収が社員のそれを上回っていました。

戦前の職員と職工間の給料・賃金格差の驚異的な大きさを知る者としては、わずか２年ほどの間に革命でもなければ起こりえない劇的な変化が起こったことにただ驚くしかありません。

日立の工場ではそれより８年前、「職工」という呼称が「工員」に変わり、なるべく工員の待遇を社員に近づける措置がとられることになりました。敗戦後には、社工員の身分制度撤廃を望む強い声を背景として社員・工員混合の従業員組合、「日立工場労働組合」が結成されました。同組合は直ちに最初の要求を行います。その「趣意書」の中で「産業の興隆」という国家目的への貢献を要求の論理としてうたい、そのためには「労働者の最低生活の保証」をはかり、生産意欲の向上を促すことが何よりも重要だとして、①差別待遇撤廃と②賃金２倍値上げ、③物価手当支給、④赤字補てん手当即時支給、⑤退職手当増額、⑥８時間労働制確立、⑦幹部粛清等の要求事項を突きつけました。中心的な要求であった差別待遇撤廃では、役宅・社宅の呼称や工員のみに実施される衣体検査など差別 10 項目の即時撤廃と就業規則上の社員・工員間の差別取扱事項の全面改正を要求しました。

やがて日立製作所各工場労働組合の統一行動の動きが加速し、同労働組合総連合（以下、「総連合」という）が結成されました。総連合の結成は労使の力関係を変え、労働者側が大きな力をもつことになり、労働攻勢が強まりました。その中で、会社の人事権に対して組合が強い規制を行うとともに、組合作成の就業規則原案を「ほとんど無修正で」会社に認めさせていきました。その第２条には「従業員はその学歴、年齢、性別、職制上の地位その他の如何にかかわらず、職場生活の上に身分的差別を受けることはない」こと、また、第４条には「上長は常に従業員の人格を尊重し、民主的に遂行しなければならない」ことが明記されました。

「新たな就業規則の制定は、労働者による工場秩序の改変のはじまり」でした。総連合は直後労働協約改正、社・工員身分制度撤廃、最低賃金制確立（実質的な賃上げ）の「三大要求」を提出し、会社側と鋭く対立して、２か月半にわたる初のストライキを決行しています。こうした中、企業経営に対する組合の規制が協約でさらに強化されるとともに、身分制度の撤廃が労使の間で合意されたのです。それが冒頭で示した協定です。

同協定実施の具体的方法に関する協議において、身分制度撤廃後におけるあるべき従業員の区分とそれに対応した妥当な賃金制度の確立をめぐって労使の主張が鋭く対立しました。会社側は「職能」による区分を主張し、職能について「筋肉労働と知能労働」に２大別したうえで、前者を「直接作業と間接作業」に、後者を「執務と企画」に区分しました。結論的にいえば、総連合は職能による従業員区分が妥当なことを認めつつ、会社案の「企画」の区分が「旧来の職員の特権的地位を連想させるとして頑なに反対」しました。

こうした身分制度の撤廃について、菅井氏は次のようにいっています。「職場のなかではかつてのような権威主義的な管理は影をひそめ、身分制度下の職員―工員関係とは異なる『民主的』な人間関係が確実に根を下していった。1951 年に実施された有名な調査によれば、京浜地帯の重工業労働者は職員に対しては一般に好意的で、『このごろの学校出の技術職員は戦前と違って頭を切り換えたから、あまりいばらない』、『皆よい人で、仕事のことなどよく教えてくれる』等の意見が多かったという」。

（２） 高度経済成長直前の状況

第１章であげた橘木『日本の経済格差』は1998年、そして橋本健二『「格差」の戦後史』は2009年の出版でした（増補新版は2013年）。近年の非正規雇用や農民の農業所得減少の問題に関心をもっていましたので、２冊とも出版されるとすぐに読みました。橋本氏は「2005年前後から、格差と貧困の問題がにわかに注目を集めるようになった」と書いていますが、次々に出版される専門書を含む多くの類書の中で、とくにこの２冊は議論を先導した役割とメッセージの明快さで秀逸でした。しかし、前者は経済学者、後者は社会学者が著した本であり、歴史を研究する者としては、現実をとらえる枠組みを学びつつも、歴史的かつ複眼的な視点で歴史を再構成する仕事が残されていると思いました。

また前置きになりますが、必要ですので聞いてください。ここでは戦後における諸階層の収入の変化を統計データをもとに検証します。橋本氏が出したデータを組み替えるなどして、高度経済成長の前とそれによる変化を見ることになります。「戦後史」と銘打った氏の研究は歴史の研究とも重なる点が多いのですが、次の２点が私の疑問です。

１つは、歴史認識の問題です。戦後の経済格差や貧困の問題を考えるうえでも戦後改革および高度経済成長の２つが鍵になります。もちろん本を読めば、橋本氏もそうした認識をもたれていることは分かりますが、明確ではありません。少なくとも統計データによる具体的分析はそれに合うものにはなっていないと思います。これがもう１つの疑問です。橋本氏の「戦後史」の時期区分とその分析は基本的に、「50年代」「60年代」など戦後史において一般的な10年サイクルで輪切りするだけです。

橋本氏の方法を補正するため、私は1955年と75年を比較することにしました。1955年は高度経済成長が始まった時点、75年はそれが終わって２年ほど時間が経っていますが、２つを比較すれば高度成長による変化が明らかになります。また、敗戦から10年の55年のデータからは昭和20年代、すなわち敗戦から高度経済成長までの10年の変化も分かります。なお遅くなりましたが、橋本氏が使ったSSM調査は「社会階層と社会移動全国調査」の略称で、1955年に開始された社会学の階級・階層研究の基本資料です。新中間階級は専門・管理職と男性の事務職、つまりホワイトカラー、女性の事務職を含む労働者階級はブルーカラーと考えてください。資本家階級は従業員規模５人以上の経営者・役員です。その他自営業者と農民層以外は同調査では除外されています。

そこで、階級別の年収格差を示した図表３-１と３-２を見てください。まず、戦前のような格差はなくなっています。個人年収をみると、労働者階級（全体、以下同じ）は、新中間階級の69%です。75年は同じく71%ですので、この格差は20年間あまり変化がないことが重要です。他の格差はすぐ後でみるようにいずれも高度経済成長期に縮小しておりますので、異例です。これは昭和20年代に格差が縮小した、その結果ではないでしょうか。昭和20年代の工職間身分差別撤廃闘争の成果と見られます。いずれにしても、戦前のホワイトカラーとブル

図表３－１　階級別の年収格差

（単位：万円）

		1955		1975	
		個人年収	世帯年収	個人年収	世帯年収
資本家階級		47.6	55.3	353.8	465.1
新中間階級	全体	25.7	36.7	247.1	325.3
	１-29 人	18.5	29.8	211.1	293.0
	30-999 人	26.2	38.8	239.7	317.0
	大企業・官公庁	27.1	37.7	257.9	335.7
労働者階級	全体	17.8	24.4	175.8	246.5
	１-29 人	12.2	21.7	155.3	226.9
	30-999 人	18.1	22.9	169.5	245.4
	大企業・官公庁	22.9	28.2	212.3	274.4
自営業主層		21.3	29.6	226.5	303.2
農民層		9.8	20.8	172.0	260.2

（出所）橋本健二『「格差」の戦後史【増補新版】』河出書房新社、2013 年。

図表３－２　階級別にみた高度経済成長期の格差の変化

（単位：％）

	比較の対象	1955	1975
労働者階級（全体）	対新中間階級（全体）	69.3	71.1
	対資本家階級	37.4	49.6
自営業者層	対資本家階級	44.7	64.0
	対新中間階級（全体）	82.9	91.7
	対労働者階級（全体）	119.6	128.8
農民層	対新中間階級（全体）	38.1	69.7
	対労働者階級（全体）	55.0	97.8

（出所）図表３－１をもとに作成。

ーカラーの格差は高度経済成長前になくなっていました。

従業員１－29 人の中小の零細企業では、労働者の個人年収は 12.2 万円です。建設（屋外）労働の日雇賃金の全国平均は 1954 年が 407 円（55 年は不詳。週刊朝日編 1995）でしたので、年間 300 日出役すると

図表３－３　若者貧困層の社会構成

（単位：％）

	1955	65	75
資本家階級	—	—	1.9
新中間階級	3.6	8.1	5.7
労働者階級	17.9	51.4	52.8
自営業者層	15.2	16.2	32.1
農民層	63.4	24.3	7.5
合計	100.0	100.0	100.0

（出所）図表３－１に同じ。一部修正のうえ引用。—はなし。

してちょうど 12.2 万円。まだ企業規模による格差が大きな時代でしたが、労働者階級の貧しさを示すデータとして注目されます。

しかしこの時期、戦前的な格差・貧困の中にあったのは農民層でした。個人年収はわずか 9.8 万円ときわめて少ない。個人年収は、労働者階級の 55％、新中間階級の 38％にとどまります。橋本氏も指摘するようにこれは収入のない家族従業者が多かったからであり、世帯収入は 20.8 万円と零細企業労働者とほぼ同水準です。家族が多かったことは１人当たりの家計費がそれだけ少なくなり、飯米等が自給とはいえ、生活水準は割り引いてみなければなりません。

この時期の若者（20 ～ 34 歳）の貧困層の割合をみると、農民層が 63％で群を抜いています（図表３－３）。貧困層とは、各階級・階層の所得中央値の２分の１を貧困線として所得がそれより少ない者をいいます。若者の貧困層は、労働者階級が 18％、自営業者層が 15％です。当時はまだ農業人口が多い時代でした。中学を卒業して、家の農業を手伝うためや適当な就職口がないため、家にとどまる農家の子弟子女が少なくありませんでした。その結果、階級別にみた若者貧困層は農民層が全体の 29％に及びました。自営業主層が 17％、労働者階級が 11

図表3－4　年齢層別にみた貧困率の推移

（単位：%）

	1955	65	75	85	95	2005
20 ～ 34 歳	17.0	10.4	5.9	13.3	11.2	12.0
35 ～ 59 歳	22.2	12.6	9.4	6.9	5.7	9.3
60 歳以上	27.1	16.5	18.2	16.4	17.3	23.2
合計	20.8	12.1	9.0	9.6	9.4	13.7

（出所）図表3－1に同じ。

%ですので、農民層が飛びぬけて多かったのです。1950年代は「農村青年の貧困」の時代であったことは橋本氏の指摘のとおりです。そして、日本社会の貧困問題の解決には農民の「貧しさからの解放」が鍵であり、そのためには農村に滞留する青年の農外流出をどう進めるかも客観的に重要な課題になっていたといえます。その実現はタイミング的に次の高度経済成長期に引き継がれることになりました。

（3）　高度経済成長による変化

次に、高度経済成長が何をもたらしたかを見てみましょう。まず、全体の貧困率は1955年の21%から75年には9%に減少しました。その中で農民層の貧困率は29%から6%へとさらに大きく減少しています。これに伴い、若者貧困層は17%から6%に減少しました。農村を中心とした若者貧困問題は高度経済成長期にいったん解決されたといえます。高度経済成長期には若者を中心に農村から都市への急激な人口流出が起こります。農村の若者貧困問題も、若者の人口流出に伴って解決されたのです。

加えて、図表3－4でみると、若者の貧困率が6%の水準になったのは、1975年だけである点も注目されます。85年には13%と大きく増え、その後もずっと一桁台に戻ることはありません。橋本氏は著書の増補新版で若者層の貧困と主婦層について独立の章を立て論じています。それによると、1980 年代は「若年貧困問題の再登場」ということになりますが、この見方に私も賛成です。その原因に関しても橋本氏と同様、高度経済成長の終焉が重要と認識していますが、話がずれますので説明は省きます。

高度経済成長の話に戻ります。橋本氏によると、1970 年代は「中流」化する若者たちということになりますが、学歴別や企業規模別の若者貧困率において顕著な特徴が見られます。まず、中卒者の貧困率が大幅に減少しています（1955 年 21%→ 75 年 11%）。また、学卒者の主流となった高卒者の貧困率が５％まで下がりました（55 年 11%）。企業規模別では大企業労働者に続き、中企業労働者の貧困率が大幅に下がって５％となることが指摘されています（ただしデータはなし）。1975 年の若者貧困層の社会的構成は労働者階級が 53%、自営業主層が 32%を占め、この２つの階層にほぼ限定されていました。そして、この労働者階級の若者貧困層というのは、「零細企業労働者に限定されるようになった」と橋本氏は重要な指摘をしています。貧困層を含め若者層の間に「中流」意識が蔓延する社会的背景です。

高度経済成長期は慢性的な人手不足が特徴でした。世界に冠たる経済成長のもと、労働需要が急拡大し、労働移動も活発になります。こうした中、短期間で従業員を入れ替えるのは企業にとって不利であったことから、企業がとった経済合理的な選択の結果として、さまざまな作業をこなす長期雇用の多能工が育ち、チームワーク力が向上しました。ちなみに、移民の大量流入に頼り、単能工として分業した歴史をもつアメリカ企業との差異に注目し、人手不足が競争力を強めたな

図表3－5　学歴別初任給の推移

（単位：千円、倍）

	中学卒（A）	高校卒（B）	大学卒（C）	B／A	C／A	C／B
1955	4.1	6.6	10.7	1.61	2.61	1.62
65	13.2	16.4	23.0	1.24	1.74	1.40
75	58.0	70.4	83.6	1.21	1.44	1.19
85	96.2	112.2	140.0	1.17	1.46	1.25
95	142.0	154.0	194.2	1.08	1.37	1.26

（出所）図表3－1に同じ。150頁の表より一部修正のうえ引用。

図表3－6　高度成長期の格差の変化（規模間）

（単位：％）

	比較の対象	1955	1975
新中間階級（1-29人）	30-999人	70.6	88.1
	大規模・官公庁	68.3	81.9
労働者階級（1-29人）	30-999人	67.4	91.6
	大規模・官公庁	53.2	73.2

（出所）図表3－1をもとに作成。

どとする経営学の議論があります。それはともかく、労働力をめぐるこうした状況や企業の対応に規定され、結果的に高度経済成長期の労働者の賃金動向には特殊日本的な現象が現出することになります。つまり、企業規模や職種、学歴に関係なく、賃金が継続的かつ大幅に上昇するとともに、平準化して格差が縮小したのです。

賃金の平準化をざっと確認しておきましょう。まず、学歴別の初任給をみると（図表3－5）、大卒に対する中卒と高卒の初任給は、1955年ではそれぞれ38％、62％でした。ところが75年には同じく69％、84％と急激に縮小しています。見方を変えて倍数をみると、高卒に対する大卒の初任給は1955年が1.62倍であったのに対し、75年が1.19

倍です。試みに都市銀行の初任給を大卒と高卒で比較すると、1955年の1.50倍が75年に1.19倍になっていますので（週刊朝日編1995）、SSM調査は現実を正確に反映しているといえます。

企業規模間の格差も縮小しました。労働者階級について、大規模・官公庁に対する従業員規模１－29人の会社の年収格差をみると（図表３-６）、1955年には53％であったのが75年には73％と急激に縮小しています。また、新中間階級をみると、同じく68％から82％へと労働者階級ほどではありませんが大幅に縮小しました。

以上、統計データをもとに高度経済成長による社会の「総中流化」の現実的根拠を明らかにしました。

３　大学の大衆化と格差・貧困

（１）　農民の教育格差と昭和20年代

皆さんに１つ、質問があります。「山びこ学校」をご存知でしょうか。今も岩波文庫で同名の本が出ていますが、編者はあの無着成恭です。昔、「子ども電話相談」で山形弁丸出しの名（迷？）回答をしていたといえば思い出されるでしょう。敗戦直後、無着は師範学校を出て山形県山元中学校（現在廃校）の教師になります。そこで綴り方教育を行うのですが、そのとき生徒が書いた作文をまとめて出版しました。これが大変な反響を呼んだことで有名になりました。そのときのクラスの級長をしていたのが、今からお話しする佐藤藤三郎という人物です（庄司2014。以下、敬称省略）。

佐藤は農業問題の研究者には有名な人物であり、第２章でも少し触れた「ものいう農民」の代表的人物です。佐藤は1935年、山形県山元村（現上山市）に生まれています。「山びこ学校」の舞台である山元中学を 1951 年に卒業後、高校は上山農高（定時制）に進み、同校の畜産専攻科（１年）で学んだ後、ずっと地元で農業に従事してきました。研究者の間で有名だというのは、農業のかたわら主に農業・農村問題について研究者顔負けの多くの本を書いてきたからです。「山びこ学校」に関する本も何冊か書いています。本人の紹介も何かの本で「農業評論家」とされていた記憶があります。最初農業・農村問題の本を読み、その後「山びこ学校」関係の本を読んで、著者はあの「山びこ学校」の級長だった人かと気付いた人も多いと思います。

そうした人物なら普通の庶民でないといわれるかもしれませんが、ごく普通の農民です。これは「ものいう農民」に共通していますが、農業に対するこだわりも人一倍です。なぜ佐藤なのか一言しますと、戦後の特徴として「ものいう農民」がまとまって登場してきたことが指摘できます。思いつつくまま代表的な人物をあげると、山形県の佐藤をはじめ星寛治、齋藤たきち、木村廸夫そして佐賀県の山下惣一の各氏がいます。かの農民兵士論争や中国人や韓国人強制連行の聞き書きを行った秋田県の野添憲治も家は農家であり、生まれも佐藤らと同じ 1935 年です。年齢が少し上だと出稼ぎ農民の運動を指導した秋田県の高橋良蔵や、下ではやはり秋田県大潟村で米づくりをやっている坂本進一郎もあげられます。彼らほど有名でない「ものいう農民」は、女性を含めもっと多くいます。人物がまとまって出た点とそれぞれが多産である点において、農業分野は特別ではないでしょうか。一般的な農民の知的レベルの高さのほかに、「書く」という表現行為が彼らの「精神の運動」となっており、その基礎には農業が置かれた困難な条件があったといえます。ここで断っておきたいのは、佐藤ら「ものいう農民」は特別ですが、戦後の生活記録運動やサークル運動によってものを書く農民が大量に生まれたことが彼らの登場の背景にあったことが重要です。彼らもそうした活動の経験があり、その経験を生かして「ものいう農民」に成長したというのが歴史的な事実です。彼らは明らかに時代が生み出した存在です。

佐藤ら「ものいう農民」には重要な共通点があります。１点は、生年。これは今お話しした点に関連します。山形県の４人は1935年、山下は36年生まれで年代も近い。つまり、いずれも1950年前後に中学を卒業しています。もう１点は、ここで強調したい点ですが学歴。ある者は望んだ高校進学はかなわず農業をやり（山下）、ある者は農業高校を終えて農業をやり（佐藤、木村、齋藤）、ある者は望んだ大学進学を断念して農業をやってきました（星）。こうして５人の学歴は中卒、高卒です。５人はすぐれた農業・農村問題の著作だけでなく、小説や詩も書きました。能力も意欲もあるのに、進学では思い通りにならず農業をやるようになったのは、同年代では少なくなかったと考えています。「山びこ学校」の佐藤の同級生43人中、高校に進学したのは４人だけ。全員、上山農高です。その全日制に入った２人（非農家）は後に普通高校に転学し、２人とも大学に進学しています。女子で高校に入った者はいません。級長佐藤の例はけっして例外ではなく、「ものいう農民」は時代を体現する存在でした。

では「ものいう農民」は、いつの、何を体現したのか。「ものいう農民」と家の関係が注目されます。「ものいう農民」の共通点として同年代であることを指摘しましたが、彼らは昭和と平成の農業を担ってきた昭和一桁世代の最後の農民でもあります。1950年代前半に中学校を卒業した５人の中で、星は唯一、米沢市の進学校である普通高校を卒業しています。だが、強く望んでいた大学進学を親の反対で断念し、高校を卒業した時期はやはり1950年代前半です。５人が希望の高校や大学に進めなかったのは経済的理由もありましたが、それが全てではありません。

佐藤の場合、後継ぎには教育は不要という考え方から親が反対しました。山下の場合も同様です。高校進学を熱望した山下は親の猛反対を受けました。やはり後継ぎには教育は不要という考え方からです。山下家は「村では中規模の自作農」でしたが、父親は「教育は家をつぶし、村を滅ぼす」という信念の持ち主。山下は６人兄弟の長男です。通信教育で「大検」パスを目指し独学の日々を送りますが、それも父親は反対。「教育は村を捨てる武器にしかみえなかった」のだろうと氏が書くような父親でした。山下の同級生130人のうち、高校に進学したのは14、５人といいますから、佐藤の「山びこ学校」とほとんど同じです。

木村の家は「祖父の時代には自小作としてかなりの大百姓」でしたが、他人の借金の保証弁償をして田畑をとられてしまいました。家再興の期待を背負った父親は、戦場と家を往復するだけの生活を送り、最後は戦場で35歳の短い生涯を閉じました。残された母親と祖母の２人は、「獣のように、がむしゃらに…働いて働きぬいた」。木村は５人兄弟の長男。「一家が他人に迷惑をかけず、生きていく」。父親が亡くなって以来、これが木村にかけられた後継ぎとしての責務でした。高校進学を熱望するも、こうした家族の中ではそれを押し通せるものではありません。定時制の農業高校（佐藤と同級）で我慢し、定時制を出て大学に進学したいと思いつめていたものの、これも結局あきらめざるをえませんでした。そして、２人の弟を大学にやりました。

齋藤の家は山元村の隣村にあり、平均７反歩弱の村で 1.2 町歩ほどの田畑を耕していました。敗戦後、買い出しで人が村に殺到するなか、「これにこたえるべく働く父や母が、田畑で精出す姿は忘れられない。そこで私はまた、『小さな労働力』の役割を与えられた」。中学では進学組と就職組に分けられました。齋藤は当然のごとく就職組に入りました。「勉強より『農作業』を手伝うことに親の比重はかかっていた」。そして当然のごとく、当時次々に創立された「実質的に村立」といえる定時制高校に進みました。

最後になりましたが、大学進学がかなわなかった星の家は、貸付地も持つ自作地主でした。

貧困の裏返しである伝統的な家の論理や、農業機械化の遅れと自家労働力の確保の必要性、経済的理由等が重なって、「ものいう農民」の世代には都市との間にまだ厳然たる教育格差がありました。教育格差は農民の貧困とも絡み合っており、この時代の格差社会の重要な構成要素でした。農家の後継ぎを中心に「ものいう農民」世代は自由を奪われ、格差社会の底辺で葛藤の中を悶々鬱々と生きるしかありませんでした。しかし一方で、彼らは村で行われた農地改革を垣間見、新しく始まった６・３制の教育制度のもと戦後民主教育も受けていました。こうした時代の新しさと伝統的な家の論理等による制約という古さの共存交錯がこの時代の特徴であり、佐藤ら「ものいう農民」の根っこをつくったと考えられます。佐藤らの生き方は時代の新しさと古さを一身に体現するとともに、時代の特徴を映し出していました。

佐藤らはさまざまな葛藤を抱えながら、家を継いで村に住み、農業をやっていくことを決断しました。そして、そうした覚悟が彼らをして青年団活動にかりたてました。彼ら５人は青年団運動の中心メンバ一として、農業・農村の近代化に情熱を燃やしたことが共通しています。山下は高校、そして大学への進学の夢を絶たれた後、２度の家出を敢行、それにも失敗して「村で生きていく覚悟を固めたとき」、「村の改革」を考えたといいます。山下が青年団活動を行ったのは昭和30年代に入ってからですが、「農村にもっとも活気があった時代だった」と回顧しています。漫然と農業をやり始めた人たちであれば、いい意味でも悪い意味でもこういう活力は生まれなかったのではないでしょうか。

佐藤は自分の人生を振り返っていっています。「自分にしてみれば、一度も、ほんとに好きな道を自分で選んでそれに徹した、といいきれるものを持っていない。（中略）わたしがこれまで思い悩んできたことは、なぜ農家の長男だけが、生まれるとすぐに農業をしなければならないなどときめつけられるのか、職業を選ぶ自由すら与えられていないなんて、人権無視もはなはだしい、ということだった」。上山市教育委員をしたこともある佐藤はその教育観を披歴しています。父親は何かと父親の権威を振りかざした。佐藤はこうした父親を拒否した。子どもの能力に応じて教育をつけ、持っている能力を伸ばして仕事も人生もよりよい選択ができるようにしてやるのが親の務めである。高い教育を受け、農業をするというのであればそれも結構なことである。子どもにはちゃんと教育はつけるけれども、農業をするなとは１回もいっていない――。

山下の語りはもっと率直です。「ぼくの場合、潜在的にやはり学歴コンプレックスがある。ぼくだけじゃなく百姓一般のこれはかなり重症で、社会の仕組み、構造の一部は百姓の学歴コンプレックスの上に成立している面さえある」。「つまりは古い古い“上智下愚”これが社会を支えている。百姓がことごとく最高学府をきわめ、学問の何たるかを知り、社会のいかなるかを知り、権威の実像を知り、学者も評論家も有難がらず、中央をあざ笑い、指導なんぞくそ喰らえと開き直ることができるなら、ほんと世の中変わりますよ」。

このように考える山下は、長男を農業高校、普通高校のどちらにやるかに悩んだ末、普通高校に進学させました。そして、農業をやるかどうかも長男の選択に任せています。農民にも教育と学問は必要です。農民だから知性と教養、物事の理解力や判断力、自分の意見を伝えるコミュニケーション能力がなくっていいなんて話は通りません。当然、農民にも学歴はあった方がいい。「山下リアリズム」にはほとんど賛同できます。

「ものいう農民」といっても、同世代の農民のごく一部です。しかし、その視線の先には、漫然と就農し農業を続けてきた者には見えないリアルな現実があります。彼らはそれを生き方の姿勢としての精神の運動によって多くの記録に残し、その記録は広範な読者に迎えられ、深い共感を得ました。繰り返しいっているように彼らは確かに特別の存在でしたが、例外ではありません。

彼らが多くの著作によって訴えたかったものは何か。国のあり方から農業政策や農協批判まで農民目線に立つ旺盛な執筆活動を展開しましたが、それらの根本にあるものは、権力や社会の、何につけ当事者である農民排除の体質に対する異議申立てです。それは戦後の民主主義に対する異議申立でもあります。彼らが就農した時代、そしてとくに教育経験や就農の経緯に彼らにそうした鋭敏な意識を抱かせる契機があったのではないでしょうか。「ものいう農民」は戦後の民主主義や民主教育の体現者です。彼らが体現した思想のうえに、これからお話しするように農民の子弟の高校・大学への進学が急激に進み、都市との格差がなくなります。その一方で、農業の置かれた状況に対応して、とくに高度経済成長の時代から1980年代にかけて、彼らの一貫した精神の運動は戦後民主主義への強烈なパンチを放ち続けたのです。

（2） 大学の大衆化と農家

４年ほど前、山下惣一氏から調査で話を聞く機会がありました。そのとき、「高度経済成長は農地改革に次ぐ第２の解放」なんてことを書く研究者がいるんだなと驚いたといわれました。確かに、農地改革と並べて戦後の高度経済成長をこのように評価することは、あえて単純化して表現したとはいえ語弊があったと反省しました。戦後の日本農業に関する山下氏の時期区分では、1961年の農業基本法による農産物輸入の自由化と、農業生産の「選択的拡大」路線のもと、農業後退が方向づけられたことが決定的に重視されています。こうした見方からすれば高度経済成長が農民解放だなんて妄言もはなはだしいとなります。だが少し言い訳をすれば、私はあくまで格差・貧困の視点でこうした言い方をしていて、日本の農業や農政を総合的に考慮すれば歴史の見方も時期区分も自ずと変わってくることは指摘するまでもありません。

さて、格差・貧困の視点で重視すべき歴史事象と考えているのは、農家の子弟における大学教育の格差が高度経済成長によってなくなったという事実です。

あらためて大学進学率の変化を確認しておきましょう（図表３-７）。大学進学率は高度経済成長期に直線的に上昇しました。ただし細かい点をいえば、1955～60年の最初の５年間は10％台のままでほとんど

図表３－７　学校進学率の推移

（単位：％）

	高校進学率			大学進学率（含む短大）			大学進学率（除く短大）		
	総数	男	女	総数	男	女	総数	男	女
1950	42.5	48.0	36.7						
55	51.5	55.5	47.4	10.1	15.0	5.0	7.9	13.1	2.4
60	57.7	59.6	55.9	10.3	14.9	5.5	8.2	13.7	2.5
65	70.7	71.7	69.6	17.0	22.4	11.3	12.8	20.7	4.6
70	82.1	81.6	82.7	23.6	29.2	17.7	17.1	27.3	6.5
75	91.9	91.0	93.0	37.8	43.0	32.4	27.2	41.0	12.7
80	94.2	93.1	95.4	37.4	41.3	33.3	26.1	39.3	12.3
85	93.8	92.8	94.9	37.6	40.6	34.5	26.5	38.6	13.7
90	94.4	93.2	95.6	36.3	35.2	37.4	24.6	33.4	15.2

（出所）文部科学省生涯学習政策局企画課「文部科学統計要覧」より作成。

変化がありません。進学率上昇の起点は1960年であり、それ以降65年にかけてと、65～70年はともに約７ポイントの上昇です。ところが、70年から75年にかけて進学率は一挙に14ポイント前後も急上昇し、40%近くになりました。この５年間の上昇率は過去10年間のそれに相当します。そして、それ以降はしばらく進学率の変動がないことも注意してください。

1970年代前半の変化には、急上昇を成り立たせる条件がありました。それは高度経済成長による経済的豊かさの実現です。70年代前半にはもう１点、重要な変化がありました。都市部と郡部の間で大学進学率（短大を含む）を比較すると、72、３年には差がなくなるとともに、それ以降、郡部のほうが高くなることです。

大学進学率でもう１つ注目されるのは、男女差が顕著であるとともに、女子は短大志向が強かったことです。指摘するまでもなくその要因は家父長制や女性のジェンダー意識、それに規定された短大＝「花嫁道具」観にあります。高校進学率も見てください。75年には92%とほぼ全入状態で、これは男女差が見られません。

このように見ると、大学の大衆化は1972、3年頃、高度経済成長によって達成されたといえます。大学の大衆化とは、一定の学力があって本人が望めば、経済的条件等に関係なく、大学への進学が可能となることと定義できます。単に大学進学率の高低だけで規定される事柄ではないと考えます。なお、大学進学率は1992年以降ふたたび上昇しますが、これに関しては少なくとも経済的条件により進学の可能性がさらに拡大したという問題ではないといえます。

では、大学大衆化の経済的条件は何でしょうか。

1つは、国立大学の授業料年間1万2,000円、奨学金8,000円の効用です（図表3-8）。私は1971年、東京のある国立大学に入学しました。翌年に授業料が3万6,000円に値上げされますので、授業料1万2,000円の最後の学生になります。月に直すと1,000円、これは、たとえば東京本郷の4畳半2食賄付の下宿代が1970年月1万5,000円ですので、わずかこの15分の1の金額です。カレーライスは1皿150円ですので、7皿しか食べられないような金額です。この授業料は1958年から始まりました。一方、物価をみると、1960～72年は物価指数が毎年3～8%継続して上昇していました。たとえば下宿代は2.5倍（1958～71年）、米価は1.8倍（55～70年）になっています。私立大学（早・慶大）の授業料も、1958～72、73年の間に3万円から12万円に急上昇しました。こうした中、国立大学の授業料は58～71年の13年間も1万2,000円という「超安値」で固定されていたのです。こういう次第で学生時代の私は授業料の負担をほとんど感じませんでした。加え、奨学金を毎月8,000円もらっていました。

図表３－８　大学授業料と物価の推移

（単位：円）

	大学授業料			下宿料金	米価	カレーライス	牛乳	銀座地価（万円）
	国立大学	慶應大学	早稲田大学					
1946	360	700	680	100	6			
47	600	2,800	2,100	1,500	36円35銭			15
48	1,200	6,000	5,700	2,000		50	12	
49								40
50				3,500	445			
52	6,000	20,000	17,000	4,500				
55	9,000	22,000	22,000		845	100	12円50銭	
57							14	263
58	12,000	30,000	30,000	6,500				
60				7,000	870		14	
63		60,000	50,000	8,500		120		
65				9,000	1,125			450
70		80,000	80,000	15,000		150	25	600
72	36,000		120,000	17,000	1,600	200		800
73		120,000		18,000		230		1,000
74				20,000	2,100	250	46	
75			160,000	23,000	2,495	280	47	1,400
77	96,000	230,000	200,000	33,000	3,000			1,745
80	180,000	280,000	270,000	48,000	3,235	450	55	2,500
84	252,000	360,000	340,000		3,545			
85					3,765			6,000
89	339,600	440,000	485,000	58,000	3,701	600		14,000
90					3,699		70	(91)18000
95	447,600	580,000	596,400	65,000	(93)3845	600	80	9,000

（出所）週刊朝日編『戦後値段史年表』朝日新聞社、1995年より作成。

大学大衆化のもう１つの条件は、強い大学進学熱を可能にし促した親側の事情として、高度経済成長により経済的に豊かになったことを挙げなければなりません。1977年に実施されたあるアンケート調査によると、「子どもは大学まで出したい」と考えている親は、事務職が72%、産業労働者が49%に及びました（熊沢1993）。特殊日本的な現象として、このように普通の労働者でも子どもに対する大学進学志向の強さが指摘できますが、経験的に農民も同様であったといえます。ここでは地方の農村が問題ですので農民層の所得の変化をみると、世帯単位でみた農家の所得は1960年代半ばに勤労者世帯を凌駕しました。そして、世帯員１人当たりの所得および家計費でも農家が勤労者世帯をうわまわりました。これが1972、３年です（暉峻 1984）。

私の実家は淡路島で、農業と製瓦業を自営していました。やはり関西の国立大学に通う２歳上の兄がいて、２年間重なりました。田舎の普通の農家で、子どもを下宿させて都会の大学に進学させるということが、こうした枠組みと条件があって可能になったことを私は原体験のある当事者として名言できます。昭和初めのころ、全国５万戸足らずの地主でなければ、田舎から大学にはやれないといった、同じ淡路島出身の大内兵衛の話を紹介しました。大学の価値が下がったとはいえ、時代の大きな変化を感じさせます。また、何百万円も学資ローンの奨学金を借りたうえに非正規でしか働けない結果、返還不能となり本人も保証人となった親も自己破産せざるを得ないという昨今の社会状況をみるにつけ、われわれが大学で学んだ時代の歴史的な意義をきちんと再認識する必要があると考えています。

あえて情緒的な表現を使いますが、われわれの学生時代は国もそれなりに国民の教育にやさしい時代でした。それに比べ、昨今の冷酷さは目に余ります。昔は何らかの政策的配慮があったとしか思えませんが、この点は調査できておらず指摘だけにとどめます。大学と若者の関係を歴史的な視点で考えてみると、「教育資格が職業資格に代替する」という戦前以来の教育の性格は、高度成長期も変化することなく続いています。それどころか学校、とくに大学が企業の社員層の養成・供給機関として決定的になり、新卒一括採用の制度など大学と企業の結びつきはいっそう強固になりました。

この点はおさえたうえで、若者にとっての教育の意味について、1972、3年に達成された大学の大衆化は、ある意味「人間の解放」であったことを改めて主張したいと思います。個人は自分の人生を主体的に生きる権利をもっています。それを保証する社会はいい社会です。貧しい家の子どもも、能力と意欲があれば自由に大企業のサラリーマンや官僚、医者、弁護士、教員などになれる社会であるべきです。そのためにはまず社会階層の移動の自由、語弊がありますが「成り上がり」が保証される社会であることが重要です。その限りでの、1947～52年生まれの世代が大学で学んだ時代の歴史的な特徴を考察しました。

４　中・高卒の人びとの生活史

（１）　もう１つの高度経済成長と格差・貧困

高度経済成長のトータルな意味は大卒の人々だけをみても分かりません。そこで、中卒・高卒の人々の生活史を次に検証したいと思います。私が今日もってきた本は、蓑輪紀子著『新潟発　団塊の世代史』という本で、1995年に新潟県の出版社、越書房から出版されました。著者の蓑輪氏は元新潟日報記者で、中学のクラスメートほぼ全員を取材してこの本をまとめています（本章巻末の付表３-１、３-２を参照)。「新潟日報」に1987年５月から６月にかけて28回連載された記事が元になっており、記事のタイトル「ひとものがたり――新潟市坂井輪中昭和37年卒」が本の中身をよく物語っています。

この本は戦後の格差や貧困を考えるうえで重要な素材を提供しています。同じ条件（地域、学校・クラス等が同じ）で育ち、階層等を異にする生徒の、その後の進学や就職、仕事を中心に30年近いそれぞれの生活史を追跡しています。書名のとおりまさしく新潟市近郊農村の「団塊の世代史」であり（生まれが1年早いが著者に従う）、それを通して高度経済成長による相貌とその歴史的意味が明らかにされています。近年、学生運動の経験や高校・大学時代の個人的思い出を語る回顧本が多く出版されていますが、本書はそれと趣を異にしています。本書はすぐれた地域史であり、また著者のクラスメートほぼ全員を取材対象にしたことでに学術的価値も高まりました。本書が提供する多くの貴重な歴史的情報を読み込むことでもう1つの高度経済成長の時代が再構成できます。

本書の舞台、坂井輪中学がある新潟市坂井輪地区は新潟市の近郊農村です。1954年新潟市と合併して以降、坂井輪村は急激な変貌を遂げます。ちなみに、坂井輪村は第2章でふれた西山光一が住んだ村です。人口は1955年の約8,000人が70年に4万人突破、80年には7万4,000人へと急増しました。農地と農家は1960年の約1,150ha、560戸が90年には950ha、370戸へと減少しています。農業の機械化は遅れ、本格化したのは昭和40年以降です。新潟県では排水がいい他地域は1960年頃から機械化が進みますが、本村の場合、水田の排水基盤が不良で、そのため農業の機械化が遅れました。この結果、農業と家からの農家の子弟の解放を遅らせたことに留意してください。

著者らの中学卒業は、1962年です。この年の卒業生は193人、そのうち全日制の高校に進学したのは77人、割合にして40%でした（図表3-9）。新潟市全体ではこれは63%でしたので、同中学の低さが目立ちます。一方、家事・自家農業従事（定時制を含む）は31%に及びました。新潟市全体では9%であることから、先ほど触れた農業の強

図表３－９　新潟市内中学校卒業生の進路　（単位：人、%）

	全体	同割合	坂井輪中学	同割合
全日制高校進学	4,471	63.0	77	39.9
就職	2,017	28.4	56	29.0
家事・自家農業従事	612	8.6	60	31.1

（出所）蓑輪紀子『新潟発　団塊の世代史』越書房、1995年、より作成。

図表３－10　坂井輪中学３年Ｂ組の卒業進路　（単位：人）

	男子	女子	計	備考
クラスの人数	25	24	49	
うち自家農業又は就職	13	18	23	
うち定時制進学	8	0	8	男８人のうち１人は１年で中退（10か月自家農業に従事）
全日制進学	12	6	18	
うち大学進学	3	1	3	男２人は農家、女は著者
県外在住者（1995年現在）			10又は11	消息不明、１人（女）
農業従事（1981年現在）	1	2	3	

（出所）図表３－９に同じ。

い拘束の証しを確認することができます。

著者のクラスは３年Ｂ組、1946年生まれの世代にふさわしくクラスの人数49人（男25人、女24人）の多きにのぼりました（図表３－10）。同級生の卒業後の進路をみると、全日制高校進学は18人（男12、女６）です。ちなみに、そのうち大学に進学する者は４人（男３、女１）で、１人しかいない女子の大学進学者が著者です。一方、自家農業従事・就職は31人（男13、女18）であり、そのうち定時制に行くのが８人、この８人は全員男子で女子は皆無でした。全日制も工業高校、商業高校が多いことが特徴です。これは、大学進学まで考えていない者が多かったことが理由と見られます。

1981年現在、農業に従事しているのは３人（男１、女２）だけです。中学卒業後自家農業・就職は31人をかぞえましたが、その大半は自家農業の手伝いに従事する者でした。男子も女子も嫌農意識が強く、中学卒業後20年ほどの間に男女ともことごとく農業から足を洗いました。また、95年現在県外在住者は10ないし11人とされています。ところで、日本の特徴として、就職や進学による人の移動は総じて狭く、たとえば九州から東京へといった遠隔地移動は少ないと理解しています。要因はいろいろありますが、県庁所在地など地方都市の経済力、雇用力が強いことも重要な要因の１つではないでしょうか。そして、戦前と比べ戦後のほうが移動圏はむしろ狭くなっていると見ています。裏付けとなるデータはまだ示すことができませんが、調査のヒアリング等から得られた実感です。この10～11人という人数をみたとき、このことを想いました。著者のクラスメートは就職するとき、なぜか新潟市内の企業への志向が強い。また、いったん県外へ就職で出ても新潟市内に再就職する人が目につきます。これも当時の地域格差のありようとして注目に値する点です。

（２）　中学卒業後の生活史

49人の中学卒業後の生活史は、男女で相当の差があります（図表３－11）。男子の特徴は、まず親の職業によって学歴の格差が見られます。農家の子弟はほとんど中卒か、進学しても定時制高校です（11人中８人）。一方、全日制高校へ進学するのは、農家以外の子弟に集中していました。農業の拘束や貧困が理由です。

３年Ｂ組の男子生徒で農家の長男というのは２人だけであり（付表

図表３-11　男子クラスメートの職業　（単位：人）

	会社員		会社経営（自営含む）	公務員	農家
	ブルー	ホワイト			
中卒	2(1)		2		
高校（定時制）卒	4(1)	1	1		1
高校卒		3(3)	1	1(1)	
不明	1				
合計	7	4	4	1	1

（出所）本章巻末付表３-１をもとに作成。
注）１．（　）は役付・管理職。
２．死亡１名。「とくに勉強ができ」、クラスの委員長、生徒会長を務める。家の経済的理由により新潟工業高校に進み、卒業後日本瓦斯化学工業（現三菱瓦斯化学工業）に入社、20歳過ぎに死亡。２。

３-１の②⑤)、他に農家出身はかなりいますが長男ではありません。著者も指摘しているようにこれが農業に従事している者が少ない理由です。彼らはしばらく農業の手伝いはしても、家を継ぐ必要がなくやがて農業をやめます。②の家は3.3haも耕作する大きな専業農家で、中学卒業後２年間は一時定時制に通いながら農業に精を出しましたが、家族の事情で家を継ぐ必要がなくなり離農しました。農家の次三男たちも農業を嫌って、「重労働の農作業から解放されたいと強く望み、喜んで就職していった」。

男子の職業をみると、会社員が18人中11人、その他会社経営（自営含む）４人、農家は１人です。職業は、中卒・定時制高卒と高卒の間に厳然たる格差がありました。同じ会社員（勤め人）でも、中卒・定時制高卒はブルーカラー、対して高卒はホワイトカラーとはっきり色分けされます。それに加え、もう１つの格差として、高卒は次のように役付、管理職（部長・次長クラス）が多いことが注目されます（付表３-１）。

⑬は、農家の次男、北越商業高校卒業。マルタケ（新潟市、薬品総合商社）入社、38 歳課長、42 歳次長、部下 6 人。71 年マイホーム建築（土地 120 坪、親から贈与）

⑭は、中学校用務員の次男、北越商業高校卒業。高校時代、電気科に合わず悩む。自動車会社（整備）に就職したが、人間関係が嫌になって辞める。→県庁職員（初級行政職合格)、92 年から総務部庶務係長

⑯は、会社員の長男、北越商業高校卒業。海上自衛隊入隊（海と船が好き）→祖母と母親の介護で新潟に帰る→ 72 年新潟吉野石膏に就職、翌年結婚。87 年製造課の班長、91 年工場を移動、多忙に

⑰は、自転車屋の次男、新潟工業高校電気科卒業。芝浦製作所入社（2 年弱）→免税店のカメラ屋に勤める→ 72 年サンアロー（電子部品等の貿易会社）入社、76 年支店長として香港勤務、87 年貿易部次長

非農家といっても、高度成長前期（1955 ～ 65 年）の地方の農村のこと、都市の新中間階級というような階層はあまり見当たりません。自転車屋や学校用務員となると生活レベルは農家より低いかもしれません。そうした家に生まれて高校を卒業すると、地域では指折りの企業や県庁に入り、そこそこの地位につけたことが重要です。上の 4 例では就職と会社・役所内での地位の上昇に注目しましたが、単に就職だけなら他にも挙証すべき例があります。⑮は、クラスの委員長で生徒会長を務めた学年一の秀才でした。新潟工業高校に進学、同校卒業後ほどなく亡くなりましたが日本瓦斯化学工業（現三菱瓦斯化学、新潟市）に就職しています。また、⑱は、新潟東工業高校卒業後、これも 1 年で退職しましたが東京都亀戸の大手家電メーカーに就職してい

ます。200人近い学年のトップが工業高校に進学していることは、年代を感じさせると同時に——６歳年下ですが、もっと田舎臭い農村出身の私にも奇異な感が否めない——、実業高校への進学者の多さとともに彼らにとっての高校教育の意味を示しています。

以上は、地方農村の男子団塊世代における高校と仕事の関係をよく理解させてくれます。通俗的にいうと、当時、男子であれば高校を出ると仕事面でそこそこの地位につき、それなりに幸せな人生を送ることができたのではないでしょうか。

この本で著者は書いています。高卒に比べ中卒の者にとっては、農家から「出ていった先もまた、楽ではなかった。中小企業や下請けの仕事に就くことが多く、人一倍、景気変動の波に翻弄された。しかも、底辺で苦労した割には報われなかったのも彼らだ」。確かにそのとおりだと思います。ただし、中卒のクラスメートの中にも次のような人々がいたことを見落とすことはできません（付表３-１）。

②は、先ほどちょっとお話しした農家の長男。中学卒業後２年間農業に精を出す（10か月間定時制に通う）→64年W商会（PGの充填作業員、２年余り）→K商会（同じガス屋、８年）、74年飲食店で板前修業（８年）→85年居酒屋チェーン「日の本」入社（翌年店長）→88年８月頃ステンレスパイプ製造会社（千葉県）入社（切断の係長）

③は、農家の次男。大きなクリーニング店（新潟市）１年余→上京、クリーニング店勤務（住み込み）。67年クリーニング士資格取得→店長（店舗１～４に増やす）。73年独立、「ドライクリーニング川口商会」開店、89年有限会社川口商会（輸入代理業も始める）

④は、農家の生まれ（兄弟の人数等不詳）。新潟東映ホテルに就職

（ドアボーイ）→64年、親方についてホテルエンパイアに移る（コック修業、３年）→レストラン「コックドール」→第一ホテル（横浜）→69年、新潟に帰り、新潟シルバーホテル（２年半）→72年、独立。最初は自宅近くに店舗を借りて食堂を開き、79年食堂プラス宴会場（カラオケスナックへ）をつくる

⑧は、大工の７男。会社内学校→定時制高校３年編入。新潟鉄工所就職、転職なし。25年後職場の班長（残業出張で多忙）、組長（ワンランク上）になると出張なしで人を動かせる、と

③や④のようにクリーニングや食堂兼宴会場で起業するのは、やり手ということになります。格差・貧困とは無縁の世界です。③の生活レベルの一端は次のように紹介されています。1990年当時（ということは本人44歳）、約30坪の土地に２階建て４LDKの家を新築。長男予備校、次男中１、子どもは年１回海外旅行をする――。これも俗な言い方をすれば「人生の成功者」、「勝ち組」ということになります。

⑪は新潟鉄工所のブルーカラーですが、ただのブルーカラーではありません。入社以来同社一筋、３年間サービスエンジニアとして東京本社にも行ってきた、工作機の専門家。工場で作っている機械の３分の１が外国向けというなか、韓国、台湾など海外出張も頻繁にこなし、機械の据え付けから操作伝授まで責任の重い仕事をしてきました。毎日残業に追われ、全国各地への納入の出張も頻繁に行うなかでの、「組長となると、出張しなくて人を使って動かせばいいんだが」という発言は管理職のものです。28歳で見合い結婚、婿に入って子ども５人。「ワイワイとにぎやかなんてもんじゃない。晩酌しながら、これが幸せと云うもんかと思うね。おれは子供が好きだし、仕事から帰ってきて玄関開けると、小さい子は『お父さん』と跳んでくる。仕事で意気消

沈、めいりながら車運転して帰ってくるときもあるが、子供の顔見れば嫌なことは吹っ飛んでしまう」。もとより、こうした生活は戦前の職工の世界では考えられません。

現在と違って、中卒の者にとっても再チャレンジが可能な時代でもありました。②は「学年一のワル」、だが男気があって、中学卒業後も困っている女子のクラスメートを見ればなにかと世話をするような優しい人間です。②は本人の都合以外の理由で農業をやめた後、ガス会社の作業員や板前、居酒屋の店長を転々とし、千葉県にあるステンレスパイプ製造会社に入社、切断の係長になりました。ちょうどバブルのときで幸運でしたが、再チャレンジがかなったということになります。豊かさや幸せを求め、その夢が達成されたといえます。

「団塊の世代」に対し 1950 年以降の生まれは「残り火の世代」。この言葉には団塊世代のパワーに対する敬意とともに、「いいところ」はあらかたもっていかれたという悔しさが混ざり合っています。いいところの一部には、団塊世代は日本の高度経済成長の特徴である労働力不足の経済をうまく生きたことも含まれます。

（３）　中卒女子の場合

女子は、どうだったでしょうか。女子の場合、男子以上に家父長制と農業のしばりが強かったといえます。クラスの女子 24 人中、自家農業・就職が 18 人、定時制ゼロ、全日制高校進学が６人です。６人のうち大学まで進んだ１人が「勤め人」の娘の著者です。そして農家の娘は 10 人いましたが、全員中卒です。そのうち９人は中学卒業後、農業の手伝いをしました。娘が高校進学を熱望しているのに、農業に人手がいるという理由で親が強く反対し、進学をやめさせた例を著者はく

図表３－12　女子クラスメートの結婚相手の職業　（単位：人）

	会社員または勤め人	自営	農家	その他・不明
中卒	4	2	2	3
高卒	3	2	—	—

（出所）本章巻末付表３－２をもとに作成。
注）結婚時の職業。高卒の中には２人が離婚したり、結婚後変わっている。

わしく記しています。それは、大げさでなく涙なくして読めない切なく哀しい物語になっています。

女子も男子と同様、嫌農意識が強く、農家の娘の念願は「町人の妻」、つまり「サラリーマンの妻」になることでした。多くの者がその願いを達成しました（図表３－12）。農家の娘で農家に嫁いだ者はわずか２人です。結婚相手の職業をみると本人の中卒・高卒で明確な差はなく、「女性に学歴無用」はまだ現実的根拠がありました。

団塊世代の農家の娘が家父長制と農業の強いしばりによってほとんど全員高校にも進学できない教育格差におかれていたことは注目に値します。これは、大学進学をめぐる男女間の格差よりも女子にとってはるかに過酷な事態です。男子との格差も相当大きかった。地域の農業のありように規定された面を考慮すれば極端な例かもしれませんが、これは単なる程度の差では片づけられません。

ところが、彼ら彼女らが後に親になったとき、親としての対応になると男子も女子も、そして中卒も高卒も「子どもは大学に」がほとんどです。自分がしたつらい経験や思いを子どもにはさせたくない親心の成せることといえます。

おわりに

戦後の雇用と教育・社会に焦点を当て、日本の雇用システムが確立する基盤、条件を検証してきました。農村から都市への豊かさに飢えた巨大な人口移動と、敗戦によってうちのめされ、同様に豊かさに飢えたサラリーマンを含む労働者を基盤にして高い経済成長が実現し、結果的に日本の雇用システムが確立しました。その雇用システムは戦後民主主義の所産といえ、人々の生き方や要求にかなっていました。日本の雇用システムはホワイトカラーとブルーカラーの間にあった差別をほとんど解消したうえで確立しました。賃金の年功序列、終身雇用、企業別労働組合、新卒一括採用の４つを構成要素とする日本型雇用は、次の３つの差別に立脚しています。１つは学歴差別、否、正確には学校歴差別です。1970年代半ばに大学を卒業したわれわれの時代には指定校制度というのがありました。一流企業では「うちはこれこれの大学からしか採用しません」ということを公表しておりました。戦前の名残です。さすがに今はなくなりましたが、形を変えて存続し、一部の私学を除き国立難関校優先の差別があることは常識です。20年前、アメリカの知人から「アメリカでは（違法の可能性があることから）履歴書に出身大学なんて書かせないし、書かない」と聞きました。オーストラリアも同じです。オーストラリアで高校教師をしている知人から、「オーストラリアでは人を採用するとき、出身大学など問題にしない。どんな仕事をしてきたか、そのキャリアが重視される。履歴書にはそれを書き、面接ではそのプレゼンテーションをさせて、採否が決められる。よって日本でいう中途採用が普通である」と聞きました。日本の学校歴差別の特異さが分かります。２つ目の差別は、年齢差別。同じ仕事をしているのに年長者ほど給料が多いという年功賃金は年齢差別の最たるものです。逆に、新卒一括採用ということで中途採用排除、とくに高齢者の採用はひかえる、あるいは高齢者を採用しても合理的理由なく賃金を安くするというのは法的評価を別として明確な（逆）年齢差別です。さらにいうと実は定年も年齢差別です。周知のとおりアメリカには定年はなく、一人前に働けなくなるとき、またはまともに働かないとき、人は仕事を止めるというだけです。３つ目の差別、性差別は説明の必要はないでしょう。日本の雇用システムはこの三重の差別のうえに確立したものであり、本来、こうした差別構造と不可分です。日本の雇用システムの確立によって、職員と職工、女工という戦前来の差別がなくなりました。しかし歴史というのは、１つの課題を解決することで新たな課題を抱え込みます。この伝で新たな差別として生み出したのが非正規雇用や派遣労働に対する差別といえます。非正規や派遣労働者は企業にとって現在の「よそ者」であり、この点でかつての職工や女工と同じです。日本型雇用も派遣等も結局のところ、人の能力というものをきちんと評価しない、または評価できない戦前以来変わらぬ日本企業社会の差別的体質に起因する問題という点では同じです。この点は日本の雇用がメンバーシップ型であることがあずかって重要です。歴史には轍があります。民衆にとって、好むと好まざるにかかわらず、生きている限りそれにのるしかないものが轍です。日本の雇用システムは、そうした歴史の轍です。年齢差別、性差別、学校歴差別に立脚した雇用システムの確立は、民衆にとって旧い格差・貧困社会からの解放であると同時に、新たな「不平等と序列社会」の幕開けを意味するものでした。

付表３-１　坂井輪中学３年Ｂ組卒業生の進路（男子）

	名前	父の職業	兄弟の数	学歴	職歴等	備考
①	本間敏雄	農家	9男、10人末っ子	中卒	62年3月自動車会社整備工（東京）、同年8月新潟に帰る→1年後吉川組に入社（3級整備士資格・大型運転免許証）	県土木事務所の運転手
②	三富茂利	農家、3.3ha	長男、4人	中卒	中学卒業後2年間農業に精を出す（10か月間定時制に通う）→64年W商会（PGの充填作業員、2年ちょっと）→K商会（同じガス屋、8年）、74年飲食店で板前修業（8年）→85年居酒屋チェーン「日の本」入社（翌年店長）→88年8月頃ステンレスパイプ製造会社（千葉県）入社（切断の係長）	同左
③	川口敬二	父親会社務め、母親農業	2男、5人兄弟真ん中	中卒	大きなクリーニング店（新潟市）1年余り→上京、クリーニング店に勤める（住み込み）。67年クリーニング士資格取得→店長（店舗1～4に増やす）。73年独立、「ドライクリーニング川口商会」開店、89年有限会社川口商会（輸入代理業も始める）	90年約30坪の土地に2階建て4LDKの家新築。長男予備校、2男中1、子どもは年1回海外旅行
④	土沼道明	農家		中卒	新潟東映ホテルに就職（ドアボーイ）→64年、親方についてホテルエンパイアに移る（コック修行、3年）→レストラン「コックドール」→第一ホテル（横浜）→69年、新潟に帰り、新潟シルバーホテル（2年半）→72年、独立。最初は自宅近くに店舗を借りて食堂を開き、79年食堂プラス宴会場（カラオケスナックへ）をつくる	妹は東京の大学へ
⑤	新井新治	農家	長男	鏡ヶ岡高校定時制卒	砂丘地約2haでスイカと大根をつくる、米づくりはしない（「通勤農業」）。	娘3人、「子どもに農業をさせる気はない」
⑥	山崎　賢	農家	4男、9人	工業高校定時制卒	大川鉄工所（5年）→友人2人で溶接の仕事（2年）→T社（新潟鐵工所の下請、造船の溶接）→（71年農家に婿に入る）→85年人員整理に逢う、大型運転免許証取る→西方組（建設会社）に再就職	建設会社社員
⑦	加藤藤吾	農家	5男、8人末っ子	商業高校定時制卒	土木機械会社（5年間重機関係の見習いなど、倒産）→吉川組入社（建設会社、ダンプカー運転手として16年、83年工場閉鎖）→三浦組入社（ダンプカー運転手）	
⑧	土田哲雄	農家	2男、6人		Y自動車入社決まっていたが（自動車整備工志望）、62年11月まで農業に従事（兄病気のため）→ガソリンスタンド（6年）→タクシー会社（9年）、組合活動の結果→建設会社の下請会社（型枠大工、4年）→信越電通運送会社新潟支店（NTTの取次会社、運転と倉庫業務）	
⑨	曽我　猛	サラリーマン	長男、4人	商業高校定時制卒	Y自動車（自動車整備会社、2年）→S自動車（20代に整備工からフロントへ、会社4人から35人へ）→74年高助（石油卸会社）、87年本社詰め営業マンに	
⑩	田中和吉	？	2男、6人	新潟市立高校定時制卒	N社（ステンレス鋼材製造、25年勤続）、大型倒産→87年鉄鋼関係の会社に再就職→材木関係の会社（非正社員）	
⑪	原　雪男	大工	7男、9人末っ子	会社内学校→定時制高校3年編入	新潟鉄工所就職、転職なし。25年後職場の班長（残業出張で多忙）、組長（ワンランク上）になると出張なしで人を動かせる、と	
⑫	山口一豊	建設会社経営	3男	新潟市立高校定時制卒	家電販売店に就職（修理）→定時制卒業とともに父親の会社に入る。87年40才のとき山口建築の専務に（社長兄、従業員約80人）	
⑬	岡　正春	農家	2男	北越商業高校卒業	マルタケ（新潟市、薬品総合商社）入社、38才課長、42才次長、部下6人。71年マイホーム建築（土地120坪、親からもらう）	兄が農業を継ぐ
⑭	梶原宜教	中学校用務員	2男	新潟工業電気科卒業	高校時代、電気科に合わず悩む。自動車会社（整備）に就職したが、人間関係が嫌になって辞める。→県庁職員（初級行政職合格）、92年から総務部庶務係長	家を継ぐ
⑮	坂井新司	農家	2男	新潟工業卒業	高校時代からインド哲学やヨガに凝る。高校卒業後、日本瓦斯化学工業（現三菱瓦斯化学、新潟市）に就職。のち分裂病を発症、死亡	3年Ｂ組学級委員長、全校生徒会長
⑯	小原賢治	会社員	長男	北越商業卒業	海上自衛隊入隊（海と船が好き）→祖母と母親の介護で新潟に帰る→72年新潟吉野石膏に就職、翌年結婚。87年製造課の班長、91年工場を移動、多忙に。	
⑰	柳谷　賢	自転車屋	2男	新潟工業電気科卒業	芝浦製作所入社（2年弱）→免税店のカメラ屋に勤める→72年サンアロー（電子部品等の貿易会社）入社、76年支店長として香港勤務、87年貿易部次長	
⑱	佐藤英行	農家	5男、10人	新潟東工業高校	大手家電メーカー（東京亀戸）に就職、1年で帰郷。職探しをして仕事をいっぱいかわる。67年測量会社への就職が転機、土地家屋調査士の資格を取って70年独立、土地家屋調査士事務所を自営。「農地の宅地造成が、俺の仕事になる」	

（出所）箕輪紀子『新潟発　団塊の世代史』越書房、1995年より作成。
注）「就職」「家事・自家農業従事」にはともに定時制高校に進学した者を含む。

付表３-２　坂井輪中学３年Ｂ組卒業生の進路（女子）

		父の職業	兄弟	学歴	職歴	備考
①	高田フミ	農家	5女、7人	中卒	中卒後2年間、農業の手伝い→衣料品問屋に就職（販売事務）、3年間→紳士服店のサラリーマンと結婚（念願の「町人の妻」に。	長男、大学受験中
②	成沢房子	農家		中卒	中卒後3年間、農業の手伝い→ホテル新潟に就職	
③	伊藤政子	大工	末っ子、8人	中卒	日東紡績新潟工場に就職、2年半で辞める→ビル管理会社に転職（県庁に派遣されエレベーターガール）。県庁で夫（一級建築士）と知り合い結婚（67年）。長男3歳、化粧品のセールス→薬局で化粧品販売（パート）→89年赤い車で宝石のセールス	
④	大沢静子	農家	末っ子、8人	中卒	新潟交通に就職（バス車掌）、4年→洋傘店に就職、5年→結婚。40才ごろ、たこ焼き屋を始める（店を任される）	
⑤	野島敏子	農家	長女、4人	中卒	中卒後、農業の手伝い。21歳で結婚（夫、デパートの食堂の調理長）。夫の実家、「元助」（鮮魚と仕出し）の手伝いに出る。	
⑥	伊藤光江	農家	2女、6人	中卒	中卒後、農業の手伝い→夫農家（畑作専門、スイカ1.7haと大根）	長男大学生、娘2人
⑦	内山春江	農家	2女、5人	中卒	中卒後、農業の手伝い→夫、農家（稲作主体、水田2.4ha）	
⑧	福田チヨ	農家	末っ子、6人	中卒	中卒後、農業の手伝い→68年結婚、夫、バイク・自転車店経営。81年夫死亡、その後店を切り回す	息子、地元の商業短大卒業、店を継ぐ
⑨	川口八重子	農家		中卒	中卒後、渡辺商店（食料品店・仕出し）の手伝い（住み込み）。そのまま24歳で同商店に嫁す。	
⑭	Ｙ・Ｈ	農家		中卒	中卒後、1年半農業を手伝う、22才で結婚。長男を失う	
⑮	長浜清子	農家		中卒	中卒後、農業を手伝ったり洋裁習ったり、70年結婚、夫「勤め人」。専業主婦で教育ママ。1人娘、高校を卒業し美容師に。子離れできず「つらい」	
⑩	大倉恵美	サラリーマン	長女、3姉妹	新潟南高校卒	楽器店、半年→家庭用品販売会社、3年余→紳士服店。同店のセールスの男性と結婚、72～80年まで夫の実家で生活。子ども2人をもうけ、夫の問題で家を出る→スナック経営	
⑪	藤田美津子	料理屋経営		新潟女子工芸高校卒	自動車販売会社に就職（電話交換手）、2年半→見合い結婚で商家に嫁ぐ、半年後、夫の家を出る→夫タクシー会社勤務。重度の障害児の母を明るく「元気」に生きる	
⑫	畠山良子	？　家は「新興住宅地」	3女、6人	新潟南高校卒	第4銀行に就職、23歳で職場結婚。共働き8年、夫の佐渡転勤で辞める。姑、舅の介護を行う	
⑬	山際光子	県庁勤務	末っ子、6人	新潟中央工高卒	水産物会社に就職、7年→結婚、夫会社員→農協系貸衣装部門に再就職、また辞めるもカラス会社に再々就職。姑、舅の介護に追われる。「老親介護5年以上、女40代の生き方は難しい」	
⑯	清水啓子	会社員		新潟女子工芸高校卒	高校卒後三越の婦人服製造業者（東京）に就職→希望どおり保育園に就職（保母の資格を取る）、結婚、夫営団地下鉄の運転手。子育て後のパートで保母の仕事をする。	

（出所）付表３-２に同じ。

あとがき

「日本の社会のよくないところは何だと思うか」と問われると、「仕事上、人の能力やスキル・経験・知識がきちん評価される社会のしくみになっていないところ」と答えることにしています。これは日本の雇用システムとその基礎にあるメンバーシップ型雇用の必然的帰結というか、所産です。終身雇用、年功序列賃金、企業別労働組合、新卒一括採用の４つはかつて合理性のある格差だったとしても、今や年齢差別、性差別、学校歴差別のしくみに変質しました。もちろんこの半世紀の歴史的変化を無視するものではありませんが、そのしくみの本質的な性格や構造は変わっていません。「不平等と序列社会」の日本の雇用システムに替わる雇用と社会のありようを歴史の中にさぐって考えてみたい。

こうした思いでまとめたのが本書であり、格差・貧困という視点から日本の雇用システムの形成、展開、広がり確立に伴う日本社会の相貌と変化を歴史的に明らかにしました。人の能力を公正に評価できない、または評価しない日本社会の特質を可視化するため、ここ２年連続して幸福度世界１位になったフィンランドと対比します。以下は、堀内（2020）からの引用です。見るところ、フィンランドは典型的なジョブ型雇用の国です。ジョブ型雇用がどういう会社や社会をもたらすのか。

フィンランドは人口 533 万人（2012 年）の小国ですが、1 人当たり GDP は約 5 万ドル（2019 年、IMF）で世界 16 位、日本の 1.25 倍です。2014 年 OECD レビューで「世界で最も競争的であり、かつ市民は人生に満足している国のひとつ」と報告されています。その一方、世界で2番目に格差が少なく、OECDの2018年のレポートによると子どもの貧困率は3.7%で、デンマークに次いで低い。日本は34位で15.8%。特徴的なのがひとり親家族の状況です。フィンランドでも他の家族より貧困率は高いですが、15%に満たない。日本は50%を超えます。その男女別の貧困率でも、多くの国で女性の貧困率が男性を大きく上まわっているなか、デンマークとともに男性の方が若干貧困率が高い、数少ない国です。人々は「8時から働き始める人が多く、16時を過ぎるころから1人、また1人と帰っていき、16時半を過ぎるともうほとんど人はいなくなる」という。残業は基本的になく、「残業をしないのが、できる人の証拠」、「大変な仕事を簡単そうにやっていたり、効率よくこなしサーッと帰るのが格好よく、できる大人の証拠」と見られるといいます。在宅勤務も3割。一般的に会社のオフィスは「オープンなスペースにそれなりの人数がいるのだが、とても静かで思い思いの場所でマイペースに仕事をしている」。

フィンランドの仕事の文化で「どんなところが一番好き？」と聞くと、「ワークライフバランス」とともに挙げられるのが「職場での平等でオープンな関係性」だといいます。組織にはそれぞれマネージャー、経理、エンジニア、アシスタントなどさまざまな肩書や役割分担がありますが、そういった違いが自動的にその人の価値の評価につながらない。「それよりも何をしたのかという事実や結果、どのぐらいスキルや知識を発揮したのか。倫理的にやったのか、周りとの協力はどうだったか。しかも上司だけでなく、周りにいる人の目にはどう映っているのか。それがその人の価値をつくっていく」といいます。「企業や組織は、非常にオープンで、フラットで上下関係があまりない。それは効率や、企業文化にも影響を与えている」。組織内では「階層はできるだけ作らず、それぞれを信頼して裁量権を与え、上司は細かくは管理しない。また、１人ひとりの業務内容がしっかりと細かく明確化されていることで、自分の責任範囲がはっきりしている」とのこと。敬語はあまり使われず、話すとき同年代の者と上司との間で言語的な違いはあまりなく、上司をファーストネームで呼んでもかまわない。「組織のリラックスした上下関係は、肩書だけでなく勤務年数や年齢、学歴、性別にも左右されない」。そもそも流動的な労働市場で、転職も日本よりはるかに多く、「職場では勤続わずか数年でも長いほうに入る場合がある」。勤続年数が長くなってもメリットは有休の日数が増えるぐらいであり、日本のような「年功序列はないし、実力や成果が重視される」といいます。そのため、入社してすぐ責任のある立場にたち、20 代で銀行の支店長をやったり、管理職に抜擢されたりしても驚くようなことではない。20 代のリーダーの下で働いている 50 代のエンジニアの知人も、「僕は現場でエンジニアとして働きたいのであって、書類をつくったり会議に出たり、部下の管理なんてしたいと思わない。上司が自分の息子ぐらいでも嫌だと思わないし、可愛いよ。若くたって僕たちが支えていくさ」といいながら平気で働いているといいます。

こうした働き方や組織の人間関係を生み出す要因として、大学などにおける教育のあり方が重要です。フィンランドには「仕事とリンクする学び」の場として総合大学、職業学校、専門職大学、さらに地域の学習センターなどがあり、多くの学生が専門性や高度なスキル、資格の取得のため勉強しています。総合大学は授業料が無料で、修士号取得まで勉強を続け、教師や弁護士、建築士、医師などになります。専門職大学は職業高校とともに卒業後すぐに職場で即戦力として働く人のための学校。学べる職業の幅はきわめて広く、学びの密度も高いといいます。みっちりと授業が行われ、現場での実習に多くの時間が割かれます。重要なことは、転職や昇進に役立てるため年をとっても学び続けてステップアップをしている人が非常に多いこと。「フィンランドの学びには終わりはないが、それは再チャレンジの可能性に溢れていることも意味している。年齢や性別に関係なく、自分を高めていくこともできるし、やり直しもできる」。この点は、堀内氏も「フィンランドで一番感動したことの1つ」といっています。シトラ（フィンランド・イノベーション基金）の雇用調査2017によると、勤労年齢人口の10人のうち6人は、これまでのキャリアの中で他の職場もしくは全く違う分野に転職し、そのうち「2人に1人が転職に際し、新しい専門性や学位を取得している」といいます。「学びには価値があり、新たな資格を与え、学び直しがより有意義な仕事に移ることを可能としている」。そのためというか、一方で失業率は高く（2019年10月現在約6%）、回答者の約3人に2人は失業の経験がある。会社は不況や業績不振になるとすぐレイオフ（一時解雇）を行うといいます。減給などで乗り切ろうとはあまりしない。そして業績が回復すると、レイオフした人を簡単に再雇用する。解雇したときなどは一定期間の給料を保障したうえで再就職や学び直しを支援するといいます。

最後に堀内氏はフィンランドが幸福度ランキング1位というのは納得できるとして、「経済状況に大きく左右されることなく、学びたい人が学びたい時に学べる」こと、「生まれ育った環境にかかわらず、研究者や政治家、医師など望む職業につくことができる」ことを理由にあげています。そして、「性別や年齢にこだわらず、公平に能力を評価するフィンランドらしい出来事」として、34歳の女性首相サンナ・マリンが誕生したほか、連立政権の他の党首に30代前半の女性が多くいることを指摘しています。これは日本でも新聞で報道されましたので知っている人が多いと思いますが、同首相は貧しい家庭に生まれ、母親と同姓のパートナーに育てられ、いろいろなアルバイトをしながら大学まで勉強を続け、20代で市会議員、30代で国会議員に当選。産休を経たのち大臣、首相になりました。

以上、堀内氏の著書を私の問題関心に引きつけて要約しました。もっと簡潔にまとめる手もありますが、長すぎるかなと思いつつあえて詳しくしました。何から何まで現在の日本社会とまったく対照的であり、それを具体的に浮き彫りにしたかったからです。働き方と雇用のあり方、そして教育のあり方だけが両国の違いを規定する唯一の要因とまでは考えませんが、かなり重要な要因の1つであることは間違いないでしょう。本書の冒頭に指摘した「管制塔」ということでは、フィンランドの社会は、私が本書をまとめるうえで「管制塔」とした現実の社会ということになります。

本書は、著者が2018年9月、勤務先で3回連続で行った講演の記録（同志社大学人文科学研究所『階級社会と格差・貧困』人文研ブックレット No.58、2018年3月）をもとにまとめています。一部加筆した以外、内容的な修正は一切行っていません。なお、出版に際しては、旧知のクロスカルチャー出版社長川角功成氏に一方ならぬお世話になりました。日頃のご厚情と合わせ深甚なる謝意を表します。また、この小著が完成にいたるまでの過程でお骨折りいただいたすべての方々に、ここでお礼を申し述べさせていただきたい。

引用・参考文献

Ｒ．Ｐ．ドーア	1987	『イギリスの工場・日本の工場』	筑摩書房
赤木祥彦編	2011	『山地農民の昭和史　赤木勝太郎日誌・金銭出入帳』	柊風舎
麻生誠	1991	『日本の学歴エリート』	玉川大学出版部
天野郁夫	1982	『教育と選抜』	第一法規出版
天野郁夫編	1991	『学歴主義の社会史』	有信堂
天野郁夫	2007	『増補　試験の社会史』	平凡社
安藤成吉	1941	『最低賃金の基礎的研究』	ダイヤモンド社
アンドルー・ゴードン	2012	『日本労使関係史』	岩波書店
石原修	1914	「女工」	廿世紀
磯田道史	2003	『武士の家計簿』	新潮社
磯田道史監修	2017	『江戸の家計簿』	宝島社
井上とし	2012	『鐘紡長浜高等学校の青春』	ドメス出版
猪俣津南雄	1934	『踏査報告　窮乏の農村』	改造社
乾彰夫	1990	『日本の教育と企業社会』	大月書店
岩崎爾郎	1982	『物価の世相100年』	読売新聞社
岩瀬彰	2004	『「月給100円サラリーマン」の時代』	講談社
氏原正治郎	1966	『日本労働問題研究』	東京大学出版会
氏原正治郎	1968	「戦後労働市場の変貌」『日本の労使関係』	東京大学出版会
大内力	1943	「村にて」	
大内兵衛	1935	「当代学生々活の一断面」	改造
大河内一男	1970	『社会政策40年』	東京大学出版会
大河内一男編	1956	『労働組合の生成と組織』	東京大学出版会
太田敏兄	1958	『農民経済の発展構造』	明治大学出版部
大田区立郷土博物館	1992	『工場まちの探検ガイド』	大田区立郷土博物館

奥井亜紗子	2011	『農村－都市移動と家族変動の歴史社会学』	晃洋書房
小熊英二	2019	『日本社会のしくみ』	講談社
尾崎盛光	1967	『日本就職史』	文芸春秋
小関智弘	1981	『大森界隈職人往来』	朝日新聞社
梶井功	1986	『同著作集１　農業生産力の展開構造』	筑波書房
加瀬和俊	1997	『集団就職の時代』	青木書店
加瀬和俊	2011	『失業と救済の近代史』	吉川弘文館
加太こうじ	1964	『ふたりの昭和史』	文芸春秋新社
金子兜太	2014	『語る兜太』	岩波書店
金子美雄編著	1972	『賃金』	日本労働協会
苅谷剛彦	1991	『学校・職業・選抜の社会学』	東京大学出版会
苅谷剛彦	1955	『大衆教育社会のゆくえ』	中央公論新社
苅谷剛彦	2009	『教育と平等』	中央公論新社
苅谷剛彦	2012	『イギリスの大学・日本の大学』	中央公論新社
川口浩編	2000	『大学の社会経済史』	創文社
川口祐二	1988	「渚の 55 年」加藤周一編『私の昭和史』	岩波書店
木下武雄	1999	『日本人の賃金』	平凡社
清沢洌	1954	『暗黒日記』	東洋経済新報社
熊沢誠	1993	『新編　日本労働者像』	筑摩書房
佐口和郎	1991	『日本における産業民主主義の前提』	東京大学出版会
佐藤俊樹	2000	『不平等社会日本』	中央公論新社
佐橋滋	1967	『異色官僚』	ダイヤモンド社
渋谷定輔	1986	『農民哀史から六十年』	岩波書店
週刊朝日編	1995	『戦後値段史年表』	朝日新聞社
庄司俊作	1991	『近代日本農村社会の展開』	ミネルヴァ書房
庄司俊作	2003	『近現代日本の農村』	吉川弘文館
庄司俊作	2014	「戦後農民史の『戦後』と『高度経済成長』庄司編『戦後日本の開発と民主主義』	昭和堂

庄司俊作	2014	「女性史研究者・井上とし氏を囲んで」『社会科学研究』第44巻第3号	同志社大学人文科学研究所
菅山真次	2011	『「就社社会」の誕生』	東京大学出版会
隅谷三喜男	1967	「日本資本主義と労働市場」『日本の労働問題』	東京大学出版会
高井としお	2015	『わたしの「女工哀史」』	岩波書店
武田晴人	2008	『高度成長』	岩波書店
橘木俊詔	1998	『日本の経済格差』	岩波書店
暉峻衆三	1970・1984	『日本農業問題の展開』上・下	東京大学出版会
暉峻衆三	2003	『日本の農業150年』	有斐閣
永井荷風	1981	『断腸亭日乗　5』	岩波書店
中川清	1985	『日本の下層社会』	勁草書房
永原慶二他	1972	『日本地主制の構成と段階』	東京大学出版会
中村政則	1998	『労働者と農民』	小学館
中村隆英編	1993	『家計簿からみた近代日本生活史』	東京大学出版会
並木正吉	1960	『農村は変わる』	岩波書店
西田美昭・久保保夫	1991	『西山光一日記』	東京大学出版会
西田美昭	1978	『昭和恐慌下の農村社会運動』	御茶の水書房
西成田豊	1988	『近代日本労資関係史の研究』	東京大学出版会
西成田豊	2015	『近代日本の労務供給請負業』	ミネルヴァ書房
新倉善之	1992	『大田区史』中巻	東京都大田区
二村一夫	1994	「戦後社会の起点における労働組合運動」坂野潤治他編『戦後改革と現代社会の形成』	岩波書店
野村正實	2007	『日本的雇用慣行』	ミネルヴァ書房
野村正實	2014	『学歴主義と労働社会』	ミネルヴァ書房
橋本健二	2013	『「格差」の戦後史 増補新版』	河出書房新社
橋本寿郎	2000	『現代日本経済史』	岩波書店
濱口桂一郎	2009	『新しい労働社会』	岩波書店

濱口桂一郎	2011	『日本の雇用と労働法』	日本経済新聞社
濱口桂一郎	2015	『働く女子の運命』	文芸春秋
原朗	1979	「階級構成の新推計」安藤良雄編『両大戦間の日本資本主義』	東京大学出版会
兵藤釗	1971	『日本における労資関係の展開』	東京大学出版会
兵藤釗	1997	『労働の戦後史』上	東京大学出版会
福間良明	2017	『「働く青年」と教養の戦後史』	筑摩書房
法政大学大原社会問題研究所	1964	太平洋戦争下の労働者状態	東洋経済新報社
堀内都喜子	2020	『フィンランド人はなぜ午後4時に仕事が終わるのか』	ポプラ社
本田由紀	2005	『若者と仕事』	東京大学出版会
本田由紀	2009	『教育の職業的意義』	筑摩書房
前田一	1928	『サラリーマン物語』	東洋経済出版部
町田祐一	2016	『近代都市の下層社会』	法政大学出版局
増田実	1998	『増田実日記』Ⅲ	我孫子市教育委員会
松本寛	1923	『行脚調査　小作問題の真相』	米本書店
箕輪紀子	1995	『新潟発　団塊の世代史』	越書房
望田幸男	2009	『二つの戦後・二つの近代―日本とドイツ』	ミネルヴァ書房
望田幸男編	1995	『近代ドイツ＝「資格社会」の制度と機能』	名古屋大学出版会
森川英正	1981	『日本経営史』	日本経済新聞社
森嶋通夫	1977	『イギリスと日本』	岩波書店
安岡章太郎	1984	『僕の昭和史』Ⅰ	講談社
山下惣一	2004	『農から見た日本』	清流出版
吉川洋	1997	『高度成長』	読売新聞社
若林幸男編	2018	『学歴と格差の経営史』	日本経済評論社

庄司　俊作（しょうじ　しゅんさく）

1952年兵庫県生まれ。同志社大学名誉教授　博士（経済学）。

著作

『近代日本農村社会の展開』（ミネルヴァ書房、1991年）
『日本農地改革史研究』（御茶の水書房、1999年）
『近現代日本の農村』（吉川弘文館、2003年）
『日本の村落と主体形成』（日本経済評論社、2012年）
『国家と農業、農村』（同志社大学人文科学研究所、2017年）など

編著

『大学の協同を紡ぐ』（コープ出版、2012年）
『市町村合併と村の再編』（農山漁村文化協会、2014年）
『戦後日本の開発と民主主義』（昭和堂、2017年）など

格差・貧困の社会史　　CPCリブレ No. 13

2020年7月20日　第1刷発行

著　者　庄司俊作
発行者　川角功成
発行所　有限会社　クロスカルチャー出版
〒101-0064　東京都千代田区神田猿楽町2-7-6
電話 03-5577-6707　　FAX 03-5577-6708
http://crosscul.com
印刷・製本　(株)シナノパブリッシングプレス

ISBN 978-4-908823-65-7 C0036 Printed in Japan

クロスカルチャー出版　好評既刊書

Crossculture Publishing Company Ltd.

エコーする〈知〉 CPCリブレ シリーズ

No.1～No.4 A5判・各巻本体1,200円

No.1 福島原発を考える最適の書!!

今 原発を考える ―フクシマからの発言

●安田純治(弁護士・元福島原発訴訟弁護団長)
●澤　正宏(福島大学名誉教授)
ISBN978-4-905388-74-6

3.11直後の福島原発の事故の状況を、約40年前すでに警告していた。原発問題を考えるための必備の書。書き下ろし「原発事故後の福島の現在」を新たに収録した〈改訂新装版〉。

No.2 今問題の教育委員会がよくわかる、新聞・雑誌等で話題の書。学生にも最適!

危機に立つ教育委員会 教育の本質と公安委員会との比較から教育委員会を考える

●高橋寛人(横浜市立大学教授)
ISBN978-4-905388-71-5

教育行政学の専門家が、教育の本質と関わり、公安委員会との比較を通じてやさしく解説。この1冊を読めば、教育委員会の仕組み・歴史、そして意義と役割がよくわかる。年表、参考文献付。

No.3 西脇研究の第一人者が明解に迫る!!

21世紀の西脇順三郎 今語り継ぐ詩的冒険

●澤　正宏(福島大学名誉教授)
ISBN978-4-905388-81-4

ノーベル文学賞の候補に何度も挙がった詩人西脇順三郎。西脇研究の第一人者が明解にせまる、講演と論考。

No.4 国立大学の大再編の中、警鐘を鳴らす1冊!

危機に立つ国立大学

第5回 田中昌人記念学会賞受賞

●光本　滋(北海道大学准教授)
ISBN978-4-905388-99-9

国立大学の組織運営と財政の問題を歴史的に検証し、国立大学の現状分析と危機打開の方向を探る。法人化以後の国立大学の変貌がよくわかる、いま必読の書。

No.5 いま小田急沿線史がおもしろい!!

小田急沿線の近現代史

●永江雅和(専修大学教授)
●A5判・本体1,800円+税　ISBN978-4-905388-83-8

鉄道からみた明治、大正、昭和地域開発史。鉄道開発の醍醐味が<人>と<土地>を通じて味わえる、今注目の1冊。

No.6 アメージングな京王線の旅!

京王沿線の近現代史

●永江雅和(専修大学教授)
●A5判・本体1,800円+税　ISBN978-4-908823-15-2

鉄道敷設は地域に何をもたらしたのか、京王線の魅力を写真・図・絵葉書入りで分りやすく解説。年表・参考文献付。

No.7 西脇詩を読まずして現代詩は語れない!

詩人 西脇順三郎 その生涯と作品

●加藤孝男(東海学園大学教授)・
太田昌孝(名古屋短期大学教授)
●A5判・本体1,800円+税　ISBN978-4-908823-16-9

留学先イギリスと郷里小千谷を訪ねた記事それに切れ味鋭い評論を収録。

No.8 "京王線"に続く鉄道路線史第3弾!

江ノ電沿線の近現代史

●大矢悠三子
●A5判・本体1,800円+税　ISBN978-4-908823-43-5

古都鎌倉から江の島、藤沢まで風光明媚な観光地10キロを走る江ノ電。"湘南"に詳しい著者が沿線の多彩な顔を描き出す。

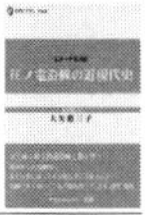

No.9 120年の京急を繙く

京急沿線の近現代史

第45回 交通図書賞受賞

●小堀　聡(名古屋大学准教授)
●A5判・本体1,800円+税　ISBN978-4-908823-45-9

沿線地域は京浜工業地帯の発展でどう変わったか。そして戦前、戦時、戦後に、帝国陸海軍、占領軍、在日米軍、自衛隊の存在も―。

No.10 資料調査のプロが活用術を伝授!

目からウロコの海外資料館めぐり

●三輪宗弘(九州大学教授)
●A5判・本体1,800円+税　ISBN978-4-908823-58-9

米、英、独、仏、豪、韓、中の資料館めぐりに役立つ情報が満載。リーズナブルなホテルまでガイド、写真30枚入。